O último verão

Cesarina Vighy

O último verão

Tradução
Cecilia Prada

Rio de Janeiro | 2014

Copyright © 2009 Fazi Editore srl

Título original: *L'ultima estate*

Capa: Rodrigo Rodrigues

Imagens de capa: Marco Misuri / Getty Images e Giovan Batista D'Achille
pictures / Getty Images

Editoração: FA Studio

Texto revisado segundo o novo
Acordo Ortográfico da Língua Portuguesa

2014
Impresso no Brasil
Printed in Brazil

Cip-Brasil. Catalogação na publicação.
Sindicato Nacional dos Editores de Livros, RJ.

V733u	Vighy, Cesarina, 1936-2010
	O último verão / Cesarina Vighy; tradução Cecilia Prada.
	— 1. ed. — Rio de Janeiro: Bertrand Brasil, 2014.
	182 p.; 23 cm.
	Tradução de: L'ultima estate
	ISBN 978-85-286-1942-3
	1. Vighy, Cesarina, 1936-2010. 2. Mulheres — Itália — Biografia. 3. Autobiografia I. Prada, Cecilia, 1929-. II. Título.
	CDD: 920.72
13-07339	CDU: 929-055.2

Todos os direitos reservados pela:
EDITORA BERTRAND BRASIL LTDA.
Rua Argentina, 171 — 2º andar — São Cristóvão
20921-380 — Rio de Janeiro — RJ
Tel.: (0xx21) 2585-2070 — Fax: (0xx21) 2585-2087

Não é permitida a reprodução total ou parcial desta obra, por
quaisquer meios, sem a prévia autorização por escrito da Editora.

Atendimento e venda direta ao leitor:
mdireto@record.com.br ou (0xx21) 2585-2002

Ao anjo solícito,
que me ajuda a viver

À minha filha,
que finalmente me reconheceu como mãe.

Ao meu netinho,
que nasceu filósofo.

Aos meus gatos,
que sem saberem ler nem escrever
compreenderam este livro.

Sumário

A noite branca 9

Sonho (mas talvez não) 19

"Torna piccina mia, torna dal tuo papà..." 27

"Voglio offrirti una bambola rosa..." 35

Gattamelata 41

A guerra dos pequenos, a guerra dos grandes 49

Inimizades 59

"Sua paixão predominante é a jovem principiante" ... 67

Aqui se fabricam anjos 75

"A Moscou, a Moscou!" 83

João e Maria na casa da bruxa 91

Se os psicanalistas se despsicanalizassem 99

No olho do furacão 107

Um copo de quinoto com gelo 115

Chegam os enfermeiros 123

Neurologia, ninfa gentil 131

Reabilitações, experiências, ilusões 139

Viagem ao redor do meu quarto 145

Corpo a corpo 153

Os conselhos de Madame de La Palisse 163

O melro branco 173

A noite branca

A coisa mais idiota que se pode dizer a um doente é que ele parece estar muito bem, que é só uma cisma, que todo mundo anda um pouco deprimido e coisas assim.

A coisa mais triste, por outro lado, é quando não falam nada, ou não sabem bem o que dizer.

Somente os médicos encontram as palavras capazes de te enganar, é isso que aprendem na universidade, e a gente sai do consultório aliviado. Contudo, assim que se chega ao elevador percebemos que não é nenhuma brincadeira, e ficamos com cara de Bob Hope quando descobre um esqueleto no armário: fecha-o subitamente como se não tivesse visto nada, mas dois minutos mais tarde berra de pavor.

Bem, Z. está no segundo estágio, o da tristeza. Chora muito, sem conseguir se conter, para sua grande vergonha e embaraço dos demais, principalmente daquele anjo solícito que vive com ela.

Por que tenho de passar por esta humilhação?

Sempre estive bem, até orgulhosa da minha saúde: há décadas não tenho febre, não pego gripe, mal sinto a passagem dos anos. É, os anos. Eu aparentava ser dez anos mais jovem, e agora a doença me presenteou com uma dezena a mais dos que já tenho.

Estou naquela idade em que a publicidade ainda te oferece cremes "para a pele madura", enquanto espera a ocasião de te oferecer fixadores para dentadura e absorventes invisíveis. Tudo isso para permanecer num jogo que não te interessa mais, com senhores aos quais os antioxidantes e as pílulas azuis deveriam proporcionar uma turgidez instantânea, mais efêmera do que nunca.

Além disso, faz calor, calor demais, e o verão romano está para começar, com aquela sua barulheira noturna tão detestada pelos neurastênicos e pelos invejosos.

O Quinto Evangelho, a televisão, diz que este é o verão mais quente dos últimos cinquenta, cem, cento e cinquenta anos. E diz isso com uma ansiedade quase jubilosa, como se fosse uma competição entre cidades, e Roma, com os seus 38 graus que proporcionam uma "sensação" de quarenta, estivesse muito bem-colocada, com chance de vencer o campeonato.

Seja como for, eu não saio de casa. Tentamos dar uma volta de carro pelos lugares por onde eu gostava de passear quando jovem, mas agora não se pode entrar no centro da cidade, há degraus demais, placas que proíbem estacionar... Que diabo! Ainda bem que conheço Roma como a palma da minha mão.

No entanto, eu não conhecia nada daqueles hospitais brancos, imensos, que surgiram perto do anel viário, no meio de pequenos desertos que foram feitos à custa de mais espaço do que era previsto, onde talvez se pretendesse plantar algumas árvores, projeto depois esquecido. Cidadelas onde o único salvo-conduto é a dor; onde o sol, estranhamente, está sempre a pino, e a gente é obrigada a se refugiar dentro do hospital, na lanchonete se estiver aberta, nas salas de espera onde pessoas de olhos vidrados, mais devido ao medo da sentença do que à fascinação pelas várias telas televisivas espalhadas, esperam. E preferem ficar esperando durante muito tempo.

Depois, há sempre algum lugar mais agradável para onde te mandam. Jardins com pequenos quiosques, árvores repletas de pássaros, prados com gatos bem-nutridos. E uma grande estrutura de plástico onde todos brincam, em dias determinados, de caraoquê. Em cadeiras de rodas.

Quando se compreende que a "reabilitação" é um álibi para os parentes e um embuste para os pacientes, desfaz-se o encanto. Desaparecido o jardim do Éden, o que se vê são os velhos ávidos que se agarram incansavelmente à vida, ou os jovens de olhos enevoados que se perguntam se aquela vida, a deles, realmente está paralisada.

Tomada de um amor insensato por esta cidade, que só pode ser experimentado pelos romanos de segunda mão, especialmente pelos que vêm da região de além do rio Pó, Z. vivera sempre mais fora do que dentro de casa. Sentia-se sempre um tanto melancólica cada vez que regressava à casa, como se voltasse a uma prisão domiciliar que lhe fora imposta. Agora, quando não sai mais e o seu horizonte ficou incrivelmente limitado, descobre que a casa, a sua, é muito bonita. Cômodos grandes e bagunçados, livros espalhados e jornais velhos amassados por toda a parte — o que sempre foi motivo de crítica —, mas também janelas por onde entram as árvores do Gianicolo, e um pequeno terraço de onde, debruçando-se, é possível ver o esplendor do Vittoriano, o monumento a Vítor Emanuel II. O melhor de tudo, porém, é o corredor, longo, escuro, típico dos anos 1930, e que foi transformado em um espaço de exercício precioso, onde é possível andar meio cambaleante.

Ela pensa naquele cavaleiro que, tendo jurado partir para Jerusalém, mas sem poder ausentar-se durante muito tempo, resolveu cumprir seu voto de peregrino no jardim, cobrindo passo a passo, seguido do seu escudeiro, a distância que o separava de sua santa meta.

Caminhar ereto e falar são duas das habilidades que transformaram os símios em homem: estou perdendo ambas. Restam somente o meu inútil polegar, que ainda pode se sobrepor aos outros dedos, e esta insuportável autoconsciência.

O Quinto Evangelho disse que o calor vai aumentar mais ainda. Para compensar, começaram a desfiar uma por uma as "Noites sob as estrelas", as delícias do Verão Romano. Z. as desdenha: já as experimentou em demasia. Somente uma coisa faz seu coração ficar apertado, por um breve momento: quando um espetáculo, uma festa, um novo itinerário são definidos como "imperdíveis", mesmo sabendo que esse é apenas mais um dos adjetivos que estão em moda. De má vontade tem de reconhecer que pelo menos o barulho da cidade diminuiu, neste ano. Será que ficou surda? Ou finalmente foram acolhidas as reclamações dos neurastênicos e dos invejosos?

Um recurso inesperado: a janela da cozinha. Até agora eu a usava somente para fumar um cigarro enquanto esperava que a água do macarrão fervesse, ou para ver se algum membro da família entrava ou saía do prédio e para cumprimentá-los com uma continência militar de mentirinha.

Agora, chorei (é preciso pouco para isso) quando chegaram, com grande atraso, os podadores. Decapitaram os belos plátanos — os ramos, que já estavam com as primeiras folhas, caíam enviesados. Pensei que as árvores talvez permanecessem assim, indefesas, e envergonhadas, sem sombras nem pássaros, até o ano que vem.

O ano que vem para elas, naturalmente.

Em vez disso, elas se recuperaram. Em poucos dias já estavam todas cobertas de brotos e prometiam sombras e pássaros ainda neste ano. E o que as árvores prometem, cumprem.

Z. descobriu no tronco mais próximo à janela uma fenda longa e estreita. Um melro veio examiná-la: de um negro luzidio, com um bico amarelo de ordenança, olhos de rubi encastoados em um círculo de ouro. Deu uma rápida olhada dentro dela e foi embora. Visto e aprovado. Depois, chegou a fêmea e foi iniciado o trabalho de verdade.

Que família estranha! Nunca mais o macho foi visto. A fêmea é ajudada por uma outra fêmea (sua criada? a verdadeira companheira?), e elas alternam entre si as visitas breves mas frequentes àquilo que já se compreendeu que é um ninho. Em horas determinadas se comunicam, e uma ou outra chega (são duas com certeza, embora idênticas, porque às vezes se encontram na abertura estreita e cedem a passagem uma à outra).

Pode-se ter de esperar durante horas a fio a pequena cerimônia. E Z. espera, suspendendo seus pensamentos negros, admirando a dança das criaturas, como os viajantes que ficam embasbacados com as bailarinas meninas de Bali.

Confesso: nem mesmo quando estava grávida esperei com tanta curiosidade um nascimento. Talvez pelo rito das duas mães ter se tornado agora muito rápido, frenético.

Quantos serão? Verei aqueles bicos sempre escancarados sobre a garganta rósea, bocas esfomeadas, pequenos funis impacientes, mas obrigados a esperar conformados, prontos a engolir o alimento que a mãe atarefada trará? E os primeiros voos ensaiados, canhestros, na direção de seu elemento, o ar, deixando a terra para nós?

Não há nada a fazer. Sem lirismos, sem tantas histórias, uma manhã sai da fenda um único pequeno melro, gordo e tonto, sacode as asas e vai embora para sempre. Até mesmo os animais praticam a política do filho único. Bem-nutrido e ingrato.

Humildemente Z. resolveu se dedicar aos pombos. Que não são simpáticos a ninguém, exceção feita aos turistas de Veneza. Pombos comem, sujam, arrulham. Os prefeitos os mandam caçar com redes para deportá-los, e nas casas as pessoas colocam agulhas compridas entre os tijolos, para impedir que façam ninhos nos peitoris das janelas.

Ela, pelo contrário, enquanto ainda está escuro prepara para eles um cartucho cheio de petiscos: biscoitos, nozes, passas, migalhas. Gosta de pensar que é sempre um único pombo, sempre o mesmo, que vem comer tudo aquilo ao alvorecer de cada dia. Mas eles não se conhecem. Como se fossem Tchaikovski e sua benfeitora. Ela mandava dinheiro, e ele compunha música, tendo feito um pacto de nunca se verem. E nunca se viram.

Estão todos esperando que venha a Noite Branca. A noite dos mortos-vivos, eu diria. Os zumbis — que não vão a um museu nem que lhes paguem, que não leem um livro desde o curso primário, que não saem de casa à noite porque preferem dormir diante da TV —, como se houvessem recebido um sinal misterioso, se precipitam em massa pelas ruas, fazem filas longuíssimas para ver os desenhos incompreensíveis da futura restauração de um mosaico, para assistir a um espetáculo estreado há muitos meses, escutar os cantos occitanos. ("Mas onde é a Occitânia? Vai ver é um desses países novos lá da Rússia.")

As minhas noites são realmente brancas: durmo às cinco, às seis, no máximo às sete. Quando apago o abajur, com o clique do interruptor um teatro completo se acende no interior de meus olhos fechados: meias-luzes, pequenos palcos, um lustre de cristal, olhos de boi, lanterninhas, refletores.

Minha cabeça ferve como se estivesse cheia de vermes. Que troco por ideias.

Filha de um simpático agnóstico que dizia não ser dotado absolutamente do órgão reprodutor da fé, mulher de um furioso ateu que queria encontrar Deus para espancá-lo, Z. se parece mais com o pai. O que pode tornar as coisas às vezes mais fáceis, e sempre mais melancólicas.

Li uma coisa interessante. Quando Matteo Ricci, o jesuíta que tentou evangelizar a China, resolveu reescrever o catecismo para os desejados novos fiéis, topou logo com uma dificuldade: como escrever o nome de Deus. Nem o confucionismo, nem o budismo, nem o taoismo tinham algo semelhante. Saiu-se bem, enfim, com um modesto "Tian zhu" ("Senhor do céu"). Se fosse comigo, eu teria desistido: afinal, aquela era a civilização mais antiga do mundo e durante muitos séculos se saíra muito bem descobrindo o divino no todo ou no nada.

• • •

Atualmente ninguém se preocupa mais com os meteorologistas, que quase desapareceram das telas de televisão, cansados que estavam de não acertar nunca os seus palpites. A gente olha para o céu, como faziam aqueles atingidos pela peste retratados no romance de Manzoni,* desejando que chova baldes, barris e cisternas. Menos na Noite Branca, naturalmente.

Minha grande amiga, minha única amiga, é a Gatta: uma fêmea tigrada, tímida, redonda e falante que me ama mais quando estou doente. E não, como os humanos, "embora" esteja doente, mas sim "porque" estou doente e permaneço sempre em casa, e acamada. Quando dormimos, não sei mais se a sua pata está sobre a minha mão ou a minha mão sobre a sua pata. Quando tem de fazer alguma coisa, sai correndo rapidamente, mas não sem antes virar a cabeça um momento para me saudar e reassegurar: "Volto logo."

Também Stendhal, entre os bizarros e infantis "privilégios" que pedia para si, dizia no artigo 7º: "Milagre. Quatro vezes por ano poder transformar-se no animal que bem quiser, e, depois, voltar a ser homem."

Sim. A Natureza é realmente um templo, etc., etc., mesmo que suas colunas possam ser as patas de um gato, e até mesmo, milagre, as patas finíssimas de uma aranha.

. . .

---

* *I Promessi Sposi* (Os noivos), escrito por Alessandro Manzoni (1785-1873). (N.T.)

Que sorte, que milagre (é o terceiro seguido). Não choverá na Noite Branca.

Estarão salvos os zumbis, os eventos, as luzes, os instrumentos, os atores, os coristas, os bailarinos, os saltimbancos, os negociantes, os bilhetes especiais de ônibus para os autistas, os salsicheiros, os bares, e até os xamãs que certamente conseguiram afugentar a chuva, em um verão que ainda não viu uma única gota de água.

Chegamos afinal ao dia. Pensei e repensei, e, quando na manhã de hoje vi o sol reluzindo como sempre, decidi o que devo fazer. Chega de esnobismos. Somente pequenas e obrigatórias excentricidades. Também terei a minha Noite Branca e, andando desse jeito, serei a rainha dos zumbis, mereci bem esta coroa, a minha coroa de espinhos.

A única coisa é que para mim será o *Dia* Branco. Quero ver bem e quero que os outros me vejam. Os outros, que me metem tanto medo. Aqueles de quem fugi durante meses, fechando-me dentro de casa, aqueles que olham para você, lembrando como você era e pensando em como é agora, com uma passageira centelha de compaixão, e rezando ao deus deles para que sejam poupados de tal fim. Os vizinhos.

Vou sair de casa. O meu anjo solícito me ajudará (compreendi finalmente que não existem somente os anjos afáveis, tagarelas); ele segurará meu braço, tomara que eu não caia logo, o passeio deve ser triunfal.

Eis os vizinhos. Eu sei tudo sobre eles: o que não vi pela janela me foi contado pelas árvores, pela poeira, pelas sombras.

Ali está a octogenária que "ainda dirige o carro", esperando ter uma morte de jovem quando na primeira curva der uma batida; ali está a ex-bela, com a sua ilusão de que somente para ela o tempo não passou; o general que nunca viu uma gota de sangue verdadeiro em um verdadeiro campo de batalha; o casal que acha que tem direitos autorais sobre o amor; o rapazinho obeso que é levado a passear pelo seu cão; as crianças em cujos olhos límpidos demais parece passar um fantasma em um vidro; a aleijadinha que faz de conta que não tem nada, porque não há nada mesmo a fazer; a *badante** que, em vez de tomar conta, derrama toda a sua saudade no telefone incrustado na orelha; a gatona louca que às duas da madrugada tem um encontro marcado com os seus protegidos; seu marido, que a segue angustiado, escondendo-se nos pórticos para que ela não o perceba. Todos culpados, todos inocentes, e, sim, todos irmãos: como é possível ter medo deles? Eu os cumprimento, sorrio, dou uma volta por todo o edifício, apressadamente, e volto para casa.

Sinto-me melhor. Tenho somente um pensamento incômodo, algum verme no formigamento do meu cérebro.

Quantas coisas pode um pombo recordar? Qual o grau de melancolia que pode ser atingido por uma gata? Quantos passos para chegar a Jerusalém?

---

* O termo *badante,* derivado do verbo *badare* ("cuidar", "tomar conta"), é empregado atualmente na Itália principalmente para os que tomam conta de anciãos, especialmente referindo-se a mulheres vindas das regiões da Ucrânia, da Moldávia ou da Romênia, para esse fim. (N.T.)

Sonho (mas talvez não)

Sei que quando se fica velho as lembranças vão recuando cada vez mais, os pensamentos voltam para o período da maturidade desperdiçada, da juventude extraviada, da angustiante adolescência, da infância impotente.

Muitos então viajam a procura do lugar onde nasceram (que os desiludirão: tudo ali encolheu, como se fosse uma malha lavada muitas vezes), outros contemplam fotografias, leem cartas, arejam os armários procurando os vestidos que estavam em plena moda (coisa perigosíssima: nos armários, o máximo que se encontra são esqueletos). Fingem que estão sentindo uma doce saudade, mas isso não é verdade: a sensação é aquela de visitar o museu de cera de Madame Tussaud.

Os mais vaidosos vão esgotar a paciência de bibliotecários e arquivistas, procurando inutilmente ascendentes de origem nobre. Durante anos trabalhei em uma biblioteca, amava meus leitores e fazia para eles as pesquisas mais refinadas, até que eles retrocedessem espantados (mil agradecimentos, Santo Antônio), mas eu detestava a categoria dos genealogistas, por ser tão precária de qualquer conhecimento verdadeiro e rica somente de uma infinidade de tempo para desperdiçar. Mas será que eles não sabem que retrocedendo de galho em galho se descobre que somos todos filhos da puta?

Os pervertidos (os que gostariam de se aposentar mesmo antes de terem começado a trabalhar) se fantasiam de tios bonachões e dedicam-se à pedofilia.

Os menos corajosos dedicam-se somente ao Viagra e às cubanas.

Os vigorosos se dedicam à caminhada, às trilhas, ao alongamento: suando muito e agachando-se. (Divirto-me sempre com a tirada de um famoso cardiologista que, interrogado sobre o esporte que praticava, respondeu: "As caminhadas até o cemitério para acompanhar os amigos que morreram fazendo *jogging*".)

E as mulheres? As mulheres, como já conhecem o inferno na terra que é para elas a velhice, mantêm-se mais calmas. Invisíveis já aos 60 anos (o fornecedor de frios que, para festejar meu aniversário, dirigiu-se diretamente ao senhor, mais baixo do que eu, que estava atrás de mim na fila), às vezes se aproveitam de sua peculiaridade para brincarem de bruxas; já não correm o risco da rejeição, pois já são rejeitadas desde o início, e nem de ficar entediadas, porque em casa, mesmo se estiverem com o homem mais chato do mundo, sempre há coisas para se fazer, nem que seja arroz com repolho.

Não falo nada das senhoras beatas, não é assunto para mim, mas entre rezar, confessar-se e fazer pequenas excursões com o padre e as outras amigas da paróquia, talvez haja pequenos prazeres. (Como é bonito o padre Pio* com sua máscara de silicone! Como a água de Lourdes é boa para o reumatismo! Melhor do que o Voltaren!)

---

* Padre Pio de Pietrelcina (1887-1968), canonizado em 2002. Em 2008, seu corpo foi exumado e permanece em exposição pública na Igreja de San Giovanni Rotondo. (N.T.)

O ÚLTIMO VERÃO

Mas não podemos nos esquecer da única categoria realmente feliz: a das viúvas alegres. O que não tem nada que ver com a opereta* e nem com os seus costumes habitualmente edificantes ("Nós temos um status, não somos como essas separadas"). Conseguem ter algum dinheiro, são animadas, transformam-se em louras (por falar nisso, chama-se "louro menopausa" aquele tom particular que enche os teatros, nas matinês), frequentam palestras, exposições, universidades criadas especialmente para aqueles que "não puderam estudar". Constituem o público ideal para os professores secundários desprovidos de láureas acadêmicas mais prestigiosas, jovenzinhos pretensiosos com seus artigos incompreensíveis escritos no computador, lançamentos de livros que elas provavelmente nunca lerão, mas que estão prontas a comprar desde que o autor os autografe, talvez incluindo um poeminha qualquer. De fato, o *mailing* das viúvas é o mais extenso dos institutos culturais em cujas solenidades há um grande número de cadeiras douradas que permanecem vazias.

A sua verdadeira paixão, porém, são as viagens que incluem por trás de seus objetivos cultos (visitar os jardins da França, ziguezaguear pelas abadias medievais, ouvir concertos no lago de Constança) a promessa de generosas refeições à base de lagostas saborosas, moluscos bem limpos e ostras seguras.

Ainda não citei as pessoas cultas, e que têm uma pitada de sal no cérebro — as mais tristes.

Restringem-se a escrever o romance que nunca tiveram tempo de elaborar: ficam entusiasmadas durante alguns dias, colocam rosas frescas em um copo, levantam-se de manhãzinha. Depois, encompridam o repouso noturno com alguma famosa "pilulazinha de ouro", a água da rosa pode ser trocada dia sim dia não, as ideias

---

* *A viúva alegre* (1905), de Franz Lehar. (N.T.)

estão presentes, mas expressá-las é um trabalho realmente cansativo, que não admite distração alguma (nem todos podem ser mártires da pena como Flaubert, que escrevia à sua caprichosa amante: "Vamos nos rever quando eu chegar à página 94"). Finalmente, como os mais honestos reconhecem, não era o tempo que lhes faltava, mas o talento.

São úteis, porém, os que mantêm um diário ou que prolongam as suas recordações, especialmente se não são pretensiosos. Embora todos percorram o trajeto de uma única história, não há um só que tenha notado as mesmas coisas que outro. Como acontece com as testemunhas de um acidente automobilístico.

E eu? A pior deles, a mais esnobe?

Acho que já deu para entender que aquela caminhada pelo meu edifício e a terna piedade que demonstrei pelos meus vizinhos-irmãos era apenas um truque para enganar a mim própria, como o rímel que se usa para dar profundidade ao olhar e o batom que dá um ar saudável.

Sim, irmãos, como Caim e Abel, sendo que nunca ficou esclarecido, entre outras coisas, quem seria o mais desgraçado deles. Seria talvez culpa de Caim que Deus gostasse mais de frutas e verduras do que dos cabritinhos que ele podia lhe oferecer?

Uma coisa é certa.

Os velhos me causam asco; os doentes, medo.

Os antigos acreditavam que os sonhos fossem enviados pelos deuses, os quais, na sua infinita malignidade, faziam os verdadeiros sonhos atravessarem uma porta que tinha batentes de chifres, enquanto que para os sonhos não verdadeiros os batentes eram de marfim. Assim, não era fácil distingui-los.

Hoje, pensa-se que a matéria dos sonhos esteja dentro de nós, bem lá no fundo, como se fosse um bolo ruminado e irreconhecível: é suficiente (?) empenhar-se um pouco para se conseguir puxar o seu fio.

Os antigos não sabiam e os contemporâneos fingem que não sabem que a matéria alquímica, capaz de transformar-se em qualquer coisa, existe. É o plástico: o marfim assumiu a textura escura do chifre, o raciocínio sujou-se com o sangue do coração.

Sonho, sonho, sonho. Neste verão consegui colecionar material onírico suficiente para dez anos. Nos farrapos dos sonhos noturnos, nos longos torpores diurnos, revi todos os que partiram para sempre. Muitas vezes, com uma amabilidade incrível, eles me deixaram naquele estado de felicidade completa que na realidade não se tem nunca; outras vezes, severos e de cara fechada, me reprovaram sem palavras, mas com olhares tão gélidos que me fizeram desejar voltar rapidamente para a vida, se é que posso chamar de vida esta, feita de remédios, de pés maltratados por tanto esforço, de lábios que não sabem mais articular uma frase, de lencinhos espremidos contra a boca, à moda de Mimi,* para disfarçar a saliva que está escorrendo.

Depois de um dos "bons" sonhos, do qual eu tinha até dificuldade para sair, eu disse ao meu anjo enfermeiro que teria preferido ficar do lado de lá. E ele, sábio, me aconselhou um *fifty-fifty:* "Não ultrapasse os cinquenta por cento e tudo ficará bem."

Mas por que esta gente vem continuamente me encontrar? O que querem de mim?

---

* Mimi é a personagem principal, a mocinha pobre que morre tuberculosa, da ópera *La Bohème,* de Giacomo Puccini. (N.T.)

Mamãe e papai, pai e mãe, amores idiotas, amores que fazem mal, amores não correspondidos, amores dolorosos.

Quanto mais se cresce, menos se compreende: há somente relâmpagos no escuro, fiapos de realidade, farrapos de verdade arrancados com os dentes.

Talvez sejam apenas os anos que pesam sobre nossos ombros, e todos nós queremos nos sentir mais leves, deixando a bagagem em casa.

A língua, a grande espiã, te faz compreender isso: infantilizar-se não é um verbo tão desprezível quando deixa na boca um sabor infantil de lambe-lambe.

O termo tão feio, *"badante"* (vigilante), que no início fez os puristas ficarem umas feras, não é isso. No fundo nos remete aos jardinzinhos, aos banquinhos à sombra, sobre os quais são acomodadas aquelas gordas crianças enrugadas — pode-se até deixar de tomar conta delas, mesmo quando o sol, girando, chegou até ali, queimando-as, para que provem um pouco o que é o inferno e assim se acostumem com ele.

Em compensação, não existe mais a nobre palavra "velho" que evocava senhores cheios de dignidade, bem-lavados na banheira da casa pelas mulheres que depois os vestiam elegantemente e os levavam a passear, como se fossem cães grandes, obedientes e inócuos.

Papai, mamãe, papinha, cama, pipi, contas, exames, sair batendo a porta, voltar fazendo-a ranger, comer, não comer, estudar, não gosto daquele tipo, olha que te dou um tapa capaz de te quebrar os dentes, a nossa menina foi embora, esperamos que você fabrique uma outra, você lembra como era bonita, nunca sujou a cama, eu a habituara a ficar no penico durante horas, como faziam as amas inglesas que educaram gerações inteiras de elegantíssimos homossexuais. *"Nanny,* quem é aquela bela senhora que vem me dizer adeus de noite antes de sair?" "Mas é a mamãe, querido, agora que ela já saiu vá sentar lá no penico até adormecer."

O ÚLTIMO VERÃO

A vida passou, mas os sonhos mostram sempre o mesmo cenário, como nos filmes classe B: a cozinha da casa, uma sala de aulas, um corredor, um lago iluminado (é preciso que haja ao menos uma cena de exterior) que repentinamente se transforma em uma poça escura, sem dúvida viscosa, com plantas aquáticas que se prendem nos teus pés e te impedem de boiar (ei, podem criar ao menos um efeito especial, ao menos um? Se não, como faço para criar medo nas pessoas que esperam ver os monstros pré-históricos clonados?).

Descerei naquela poça, encontrarei novamente os fantasmas dos meus sonhos. Agora compreendo o que querem e sinto uma piedade vaga; querem reviver um instante através de mim, que sou a única sobrevivente que os conheceu.

Têm razão: progredindo aos trancos e barrancos entre sonhos e recordações, tentarei organizar alguma coisa. Nenhuma rosa, unicamente o copo, para recordar-me de tomar o remédio.

Bem entendido: não será uma aquarela, será antes uma autópsia. É provável que eu vos faça sofrer. Sofrerei eu também.

E vós, caras sombras, por favor, não introduzam cenários novos, como o da outra noite, o estúdio de um doutor importante que há anos vasculha o cérebro, compreendendo-o cada vez menos.

Copio as anotações que fiz ainda na cama, assim que despertei, apoiando-me na mesinha de cabeceira:

"Estou no consultório do professor P., que me examina. Pergunto para que serve a 'tratadometria'. 'É a Bíblia do cirurgião.' Depois avança cautelosamente com uma hipótese extravagante, isto é, que eu tenha um 'sossobro' no crânio que necessita de cirurgia: a ruga vertical que tenho na testa seria um sintoma disso. Na verdade, não tenho ruga alguma desse tipo."

. . .

Cesarina Vighy

Ai, ai, senhora Z. com o nariz escorrendo. Tantas ironias feitas sobre os que tentam escrever o pequeno romance sempre igual de suas vidas, para dele extraírem algum significado, e agora a senhora está caindo dentro da mesma armadilha, de pés juntos.

Você colocou também os sonhos para dar um toque original, mas quero ver como trabalha: sem a enxadinha do terapeuta, sem a sonda do psicanalista, sem o estojo de ferramentas da religião (cheio de acessórios para os ateus). Terá de cavar com as unhas até quebrá-las, e não encontrará nada.

Bom trabalho.

"Torna piccina mia, torna dal tuo papà..."

Minha mãe, sem saber ao menos quem fosse Balzac, tinha tido uma infância balzaquiana.

Sua própria mãe, é claro, morrera no seu parto. De quê? De tuberculose, naturalmente.

Depois de ficar algum tempo com a ama de leite, a criança foi confiada a umas tias que tinham uma alfaiataria militar, em Milão. Elas queriam bem à menina, mas era o tempo da guerra, da Grande Guerra, e para que ela estivesse mais abrigada a puseram em um colégio de freiras. Para espanto meu, minha mãe recordava aqueles anos como se os tivesse passado diretamente no Paraíso: as freiras gordonas, o chocolate das tias aos domingos, a limpeza dos corredores, as camas fofas, o perfume de lírios na capela.

Terminado o segundo ano primário (seus estudos pararam por ali), a guerra acabou e o seu pai, que tinha um aspecto de leão e o coração de um coelho, depois de ter estado escondido durante três anos foi buscá-la, não por afeto, não, mas como se ela fosse sua propriedade, uma coisa que ninguém poderia tirar-lhe. De nada adiantou

---

* "Volta, minha pequena, volta para teu papai"... (de uma canção popular). (N.T.)

o choro da menina, das tias, das freiras-mães-frustradas: ele a levou embora como se fosse um pacote, não esquecendo porém de levar também os belos vestidinhos e presentinhos que seriam sempre de serventia.

Porque em casa, naturalmente, havia uma madrasta, grávida, e uma menina de 7 anos (a idade da razão, segundo o catecismo) podia ajudar bem no serviço. E realmente acabou "dando uma mãozinha", eis como: ao revirar a polenta no caldeirão, queimou-se e a pele de sua mão descascou toda, como uma luva. Depois cresceu novamente, disseram, na família.

A madrasta não era má como nas fábulas, mas somente idiota e mais ignorante do que a menina: analfabeta, mesmo depois de velha "assinava" sempre os cartões que mandava para os filhos não com seu nome e sobrenome, mas com o sobrenome primeiro, e depois o nome.

Ah, o nome. Minha mãe tinha um belo nome, Nives. Mas ele lhe foi expropriado e ela foi chamada severamente pelo segundo nome, Giuseppina, Pina, um nome que, além de lhe parecer detestável, arrumou-lhe um monte de confusões legais quando entrou no mundo dos vivos. Pois não se podia certamente chamar de mundo dos vivos aquela barraca em que se copulava, se reproduzia, se berrava e se espancava.

Acredito que a barraca devia ser a casa do zelador, anexa à vila que havia pertencido à família paterna, e que fora devorada pelas dívidas, pelo desleixo e pelo abandono.

Falava-se em um avô, conhecido apenas de retrato, com os cabelos longos e brancos, unhas recurvas de quem nunca trabalhou na vida; sobrava a avó, único afeto remanescente de Nives, com sua boa educação e os brincos, as habituais relíquias salvas de um naufrágio. Na cidade, diziam os velhos que ela teria, talvez, nascido condessa. (Quem sabe por que nessas lendas um tanto fantásticas sempre se fala de condessas e nunca de baronesas ou marquesas?) Certo mesmo era que a senhora não descia para tomar seu café da manhã sem passar pó de arroz, e que no seu enterro o prefeito arranjou uma banda de música e quatro cavalos negros. Incontestável também foi o desespero de minha mãe, que, contando à neta esses episódios, sessenta anos mais tarde, chorava ainda e a fazia chorar também, até que, após ensaiar um sorriso, todas as duas começavam a rir devido ao absurdo da situação.

Eu já disse que estamos em um folhetim, não?

O pai de minha mãe, Giovanni (sinto um pouco de repugnância de chamá-lo de vovô, mas é isso mesmo), era um homem verdadeiramente mau, coisa que no fundo é bem rara, e que se tornava ainda pior com a ruína da família que tinha de suportar.

Não lhe bastava beber nas festas até ter de ser levado para casa em uma carroça; não lhe bastava atormentar aquela moça franzina de Friule que ele havia arrebatado, não se sabe como, de um noivo rico, confiscando também, como era seu hábito, o colar e o anel que o iludido havia já dado à noiva, em vista das bodas próximas. Saturno irresponsável que devora os filhos, era com eles que se encarniçava.

Apesar das advertências que os policiais lhe faziam (posso vê-los bem, são aqueles do *Pinóquio,* com seus bigodes e seus chapéus típicos), não mandava os filhos à escola.

Minha mãe, que tinha somente cursado até o segundo ano primário, até os 18 anos tinha lido somente *Bertoldo, Bertoldino e Cacasseno*: mas tantas vezes que já o sabia de cor e sendo capaz de extrair dele aquele fio de robusto bom senso que mais tarde a salvaria, partindo como partira, de tão baixo. De outra leitura que lhe fora permitida, *Le Massime Eterne della Filotea* (As máximas eternas da Filotea), tirara somente um pouco de superstição — que, em caso de necessidade, se for realmente pouca não fará nenhum mal.

O mais velho dos filhos homens tinha um talento natural para trabalhos em madeira, mãos de ouro e cérebro imaginativo. Construíra um pequeno violino que tocava como podia e como sabia. Saturno destruiu o instrumento — ele queria o filho sempre na loja com ele, pois quando não bebia era um sapateiro habilidoso.

Num feriado, o pai encontrou o rapaz na praça, em conversa com os amigos: segurou-o pela orelha diante de todos e, mantendo-o junto de si, apertado, obrigou-o a voltar para casa. Só que o pai estava de bicicleta e o filho a pé: voltou para casa, sim, mas com o lóbulo arrancado.

Meu "avô" não era somente brutal, era também refinado nas suas pequenas torturas. Se não conseguia dormir, acordava a friulana magrinha, mandando-a à cozinha, preparar um café para ele.

Quando a filha começou a tomar jeito de mulher (minha mãe era bonita: de cabelo escuro, pele clara, cintura fina, seios bem empinados), obrigou-a a refazer seus vestidos de modo que não marcassem seu corpo. Ele a mandava à missa empacotada com um balandrau de paletó negro dois palmos mais comprido que o das outras moças. Os rapazes, e principalmente as mulheres, a vaiavam, chamando-a de "velha". Minha mãe se controlava e resistia orgulhosamente até chegar em casa, onde desatava em choro.

Mesmo assim, alguém teve a coragem de penetrar naquela prisão: um desastrado filho de camponeses, que mandou para ela uma mensagem quase amorosa, escrita no papel em que embrulhara a manteiga. Mensagem obviamente interceptada, apesar do ingênuo estratagema. Meu avô (um Otelo) correu furioso para o quarto de Pina, bateu a porta quase a fazendo em pedaços, encontrou a filha que (como Desdêmona) rezava as orações tradicionais antes de adormecer, colocou-lhe bem debaixo dos olhos e do nariz o bilhete lambuzado, urrando para assustar todo mundo: "É inútil rezar, porque não te casarás nunca com ele!"

O ÚLTIMO VERÃO

Não ficaria nem um pouco preocupado com isso, se soubesse quais eram as fantasias da mocinha. Ela sonhava, nesta ordem, com um engenheiro, com um médico ou pelo menos um advogado. Quando era pequena havia mesmo esperado que algum cigano a levasse embora, para bem longe — como sabia fazer cabriolas e andar sobre uma roda, talvez pudesse ter sucesso em algum circo. Com o objetivo de ser raptada, passava então muito tempo perto do portão, preparada para fugir.

Aos 15 anos, minha mãe (parece inacreditável, mas juro que é verdade), embora já tivesse mais de um meio-irmão, acreditava que os bebês eram trazidos pela parteira da aldeia na sua malinha especial, sempre que ela chegava, apressada e furiosa. Quando um rapazinho insolente lhe revelou qual era o buraco em que entravam e saíam os nenês, ela vomitou.

A parteira teve pena dela e daquele dia em diante tratou de despertá-la um pouco. Explicou para o que serviam aqueles panos misteriosos que a madrasta escondia, feito um gato que cobre as fezes, no fundo de uma gaveta, debaixo das calcinhas e dos lencinhos. E Pina se preparou assim para se tornar uma mulher, esperando o sinal do sangue. Mas os meses, e até mesmo os anos iam passando, e não acontecia nada.

No entanto, sua aparência era de adulta, bem-formada, atraente.

Chamou a atenção de um proprietário de terras, dono de uma casa grande e que tinha irmãs instruídas. Não era engenheiro nem médico nem advogado. Nem era cigano. Tinha uns vinte e cinco anos mais do que ela, no entanto, era estrangeiro, de posses, e para os estrangeiros de posses os anos não contam como para nós, sobretudo aos olhos de um pai avarento.

O estrangeiro estabeleceu como condição que a garota passasse um tempo em um colégio, por conta dele, para aprender boas maneiras, ortografia e algumas palavras de francês. O aspirante a sogro pedia um depósito substancial em dinheiro, para mantê-la livre de qualquer compromisso.

Tudo isso se passava sobre a cabeça da Pina, que não ousava abrir a boca e, mesmo se pudesse, estava confusa demais para dizer qualquer coisa. E assim, quando o estrangeiro, enojado com a avidez do homem e assustado com a ideia de tê-lo como sogro, disse que não estavam tratando da compra de uma vaca, ela se sentiu aliviada e autorizada a sonhar novamente com um engenheiro, um médico ou ao menos um advogado.

Havia, porém, sempre aquele segredo, aquele sinal de sangue que não aparecia, e sem o qual, agora já sabia, não se é uma mulher de verdade. Tinha 18 anos, e as amigas, que não eram mesmo amigas, se tivessem descoberto isso, teriam mais uma vez rido dela. Envergonhada, invocou a audácia dos tímidos e foi ao médico — que não poderia sair contando quem tinha ou não tinha orelhas grandes, quem sofria de hemorroidas, de escrófula ou de impudicos prurido s naquele lugar do qual ela nem mesmo sabia o nome.

Tal era a ideia do corpo que minha mãe tinha — um mistério de tripas retorcidas, de vísceras róseas, de lamaçais fedorentos.

O médico se mostrou à altura: não riu, não zombou dela, só perguntou por que não viera antes, e por que não havia falado daquilo com a família. Quando ela respondeu, rosnou entre os dentes, "Ah! Giovanni".

Com duas injeções tudo se resolveu, acarretando porém dores e febre alta, tão alta que todos da casa compreenderam.

Quando se sentiu um pouco melhor, Pina foi convocada para o quarto do pai. Encontrou-o em um estado de furor como nunca havia visto — de cara vermelha, caminhava de cá para lá, dando pontapés nas pernas da cama, das mesinhas de cabeceira, dos banquinhos, fazendo tremer de medo a Madona iluminada, debaixo de sua redoma de vidro. Mesmo sendo inocente, a garota protegeu o rosto, instintivamente.

E ele urrou, quase vomitando as palavras na sua cara: "Não pense que agora que usas paninhos vais mandar, puta! E se manda!"

Minha mãe foi embora de fato, pouco depois, e assim todos os filhos, para buscar a desgraça longe dali.

Meu "avô" quando era jovem aprendera em Viena, quando aquela cidade ainda era a fornecedora de tudo para as províncias vênetas, a arte de trabalhar com peles, e foi excelente nisso. Talvez houvesse mesmo confeccionado um par de suas famosas botas para um estranho professor, um de barbicha e óculos, que morava ali perto dele: Berggasse, número 19.

"Voglio offrirti una bambola rosa..." *

O Advogadozinho que se casara com a melhor e mais feia professora da escola há muito já começara a experimentar uma repulsa inteiramente física pelas mulheres intelectuais.

Elas o atraíam quando ele chegou da província, filho de pequenos burgueses para quem o decoro era o valor máximo, e o não se fazer notar, uma virtude; elas o haviam atraído porque eram o contrário disso tudo, descaradas, esnobes, enfim, modernas.

Sua mulher, por exemplo. Ele a conhecera em uma escola de dança onde fora parar a fim de sacudir um pouco o pó da timidez, enquanto ela tudo o que queria era aprender os passos da moda. Pelo menos foi isso o que lhe fizera crer, e ele, ingênuo, acreditara. Agora compreendia que ela estava lá para caçar um marido, como todas aquelas idiotas que ela dizia desprezar.

Casaram-se quase imediatamente, como se fosse apenas um jogo, uma brincadeira para se fazer com aquela sua família preconceituosa, à qual ela não queria pertencer. Um objetivo atingido, pois já

---

* "Quero te oferecer uma boneca cor-de-rosa..." (de uma canção popular). (N.T.)

estavam casados quando chegaram os pais dele, que, reconhecendo aquela que a teria inspirado, a excluíram para sempre do seu círculo, aliás, para grande satisfação dela própria.

Apaixonada pelo bridge, grande jogadora, fazia dupla, naturalmente, com o marido que, mais inteligente do que ela, mas azarado no pano verde, como sucede frequentemente, arruinava cada partida. Toda a cidade, importante e belíssima, mas de dimensões modestas, podia assistir então à volta deles para casa, com a fúria desencadeada da mulher e o uso relativo de um bastãozinho de junco (a *bagolina*, "varinha"), um acessório da moda nos anos 1930, sobre a cabeça do desgraçado companheiro, gratificado com um "burro! burro!" que ressoava pelas ruas e pelos campos.

Como mulher moderna, não queria ter filhos, mas o método anticoncepcional que usava era mais arcaico e arriscado que o "salto para trás" usado pelas camponesas — e por brincadeira, ou acreditar verdadeiramente, dormia com as chaves debaixo do travesseiro, para tocar em ferro, dizia.

Resumindo, extravagante e talvez simpática como amiga para encontrar de vez em quando e trocar atrozes mexericos, mas insuportável como esposa.

De tanto ouvir ser chamado de "burro", de arranhar-se com as chaves na cama, de encontrar a cada noite somente um pedaço de queijo como jantar, o Advogadozinho, embora fosse uma pessoa paciente e doce, cansou-se.

Começou a olhar em torno de si e viu que havia um montão de moças, todas mais bonitas do que sua mulher, e todas com um temperamento melhor do que o dela, mesmo sendo burrinhas ou ignorantes no que se referia ao grego e ao bridge.

Educado por uma mãe religiosíssima, tinha renegado os dogmas e a prática, mas conservara a moral: a traição, mesmo a uma megera, era sempre uma traição. A traição do coração é compreensível, porque

O ÚLTIMO VERÃO

como cada homem de sua geração, do mais bruto ao mais sensível, ele tinha tido a sua iniciação sexual em uma casa de tolerância.

Entre as pernas de apressadas profissionais remuneradas a minuto, ele aprendera a distinguir as mulheres em categoria A e categoria B, e com estas últimas os famosos princípios morais valiam menos que zero.

Quanto ao amor, nada sabia, e os mestres do ceticismo, com que nutrira a sua adolescência, sobre esse ponto não lhe forneciam nenhuma ajuda.

No entanto, não demorou a descobrir que havia ainda uma categoria C de mulheres: costureirinhas, secretariazinhas, caixeiras, filhas de artesãos ou de tipógrafos, que trabalhavam para se sustentar com tanta altivez e candor que não podiam ser recompensadas com dinheiro, mas sim com pequenos presentes, palavrinhas gentis e, sobretudo, atenção.

Escutar sua vida, suas histórias, sempre parecidas e no entanto sempre diversas, foi a sua educação sentimental. E, por uma questão de justiça, colocou-as então na categoria B, reservando as prostitutas para a classe C.

Devia tê-lo feito antes, sim, porque era um socialista: tinha sido obrigado a sair de sua pequena cidade porque se tornou alvo dos fascistas que só não tinham arrebentado a sua cabeça por causa do chapéu que usava naquele dia, destruído, em vez do seu crânio.

Antes que os fascistas o submetessem a uma purga de óleo de rícino, o diretor da escola em que trabalhava enquanto terminava a faculdade fez a sua futura fortuna, recomendando-o insistentemente, para livrar-se dele, a amigos importantes da cidade importante. Mas é verdade que esses amigos, ao verem aquele magricelo olhudo e tão jovem, sentiram-se desanimados. Mas ele, com um pronto *"Felix culpa"* contornou a situação e conquistou a estima deles. Tal era naquele tempo a importância de saber latim.

Cesarina Vighy

Enfim, como era socialista, mas ingênuo, trocara a aparentemente desabusada mulher por uma das "irmãs de cabelo curto", parecidas com as revolucionárias russas.

Nesse meio-tempo, a Pina (mas vamos dar-lhe de novo o seu belo nome, Nives) por acaso viera para a mesma cidade. Sabia fazer de tudo, isto é, não sabia nada, e, portanto, não teve alternativa senão empregar-se como doméstica, embora ao falar disso, depois de velha, tivesse aprendido a enobrecer o trabalho usando o termo "baby-sitter". Aliás, não mentia: havia crianças até em demasia na casa, mas não tinha medo delas, porque fora habituada com seus irmãos. O que a aborrecia, e lhe dava quase repulsa, era o patrão — o qual, quando ficavam sozinhos em casa, sabia encontrar os termos mais vulgares para mostrar a ela o seu apreço. Uma noite em que do bolso do seu avental caiu um lenço, o patrão fez uma alusão grosseira ao inocente pedaço de tecido que não tinha nada de menstrual. Nives se ofendeu e arrumou sua trouxa imediatamente.

Ela procurava um pai, mas não daquele jeito — um que fosse maior do que ela, doce, afetuoso, que lhe ensinasse alguma coisa.

Milagrosamente o encontrou. Um encontro que, visto de fora, não foi muito romântico — o lugar não era uma campina ao luar, uma ponte sobre um rio, uma barca na laguna, mas uma loja de calçados. O Advogadozinho foi o primeiro dos dois a concluir a compra e o caixeiro, que o conhecia, lhe ofereceu cerimoniosamente uma calçadeira de chifre. Nives, que comprara um par de sandálias mais baratas, não recebeu nenhum brinde e reclamou. Galante, o Advogadozinho (àquela altura já aprendera a distinguir as moças bonitas) presenteou-a com o brinde que recebera (destinado a se tornar depois uma relíquia devidamente banhada em prata).

Os dois saíram da loja juntos e teve início ali uma história de amor que duraria mais de quarenta anos, atravessando o fascismo,

O ÚLTIMO VERÃO

a guerra, a Resistência, o pós-guerra, ilusões, desilusões: um epítome da história da própria Itália.

Para falar a verdade, esse "epítome" não importava nada a Nives.

O que a fazia sofrer (e era sempre história da Itália mesmo que ela não soubesse disso) eram os costumes deste país, a hipocrisia que não lhe permitia ser aquilo que era, uma "mulher honesta", dada a impossibilidade do divórcio.

Por isso, ou também por isso, resistiu muito antes de "ceder", como se dizia nos romances da Coleção das Moças.

O Advogadozinho, aliás, embora não aguentando mais, não tinha somente o problema de afrontar a sua "senhora": além dos problemas no trabalho (no qual contavam muito os "princípios sagrados"), na sua família já acontecera um escândalo erótico-sentimental. A irmã mais bonita, a de cabelos muito negros com reflexos azulados, a que o fazia chorar quando ele era pequeno quando lia a lápide do túmulo de *Pinóquio* ("Aqui jaz a pequena fada dos cabelos azulados, morta pela dor de ter sido abandonada pelo seu irmãozinho"), havia fugido de casa para viver na América do Sul com um professor casado.

Isso foi antes da Grande Guerra, e a honra da família foi arruinada. A mãe, principalmente, sofrera muito, por conta de ser muito religiosa. Quando depois de muitos anos a filha pródiga, já casada e com filhos, voltou para fazer uma visita (o irmão, que foi ao seu desembarque em Gênova, lembrava-se do seu próprio embaraço ao vê-la toda maquilada), justamente a mãe, antes de fazê-la entrar em casa, tirou um sapato e bateu com o salto na cabeça da filha.

E agora ele, que era bom e não queria fazer ninguém sofrer, poderia armar de novo o mesmo cenário operístico?

Mas chegou enfim o dia no qual Nives "cedeu", e foi uma coisa doce, incrivelmente doce. Um passeio a Trieste, no dia 7, no quarto 7 (magia?), passeio à beira-mar, café austro-húngaro, e a sensibilidade

Cesarina Vighy

demonstrada por ele, que não teve vergonha de começar a chorar ao descobrir que ela era virgem.

Na volta da viagem, estavam verdadeiramente unidos — ela tinha finalmente encontrado uma figura paterna, e ele uma mulher inteligente, sim, mas com simplicidade (no correr dos anos escutava até os seus prudentes conselhos jurídicos), bonita e que até sabia cozinhar. Muitas vezes ela até preparava um lanchinho para que ele tivesse algo bom para comer à noite. E a esposa dele, que compreendera muito bem de onde provinham as guloseimas, comia metade delas.

Mas simultaneamente essa mulher inescrupulosa, a megera do "bastão", cuja mente elaborava peças ruins para pregar aos outros, já estava na realidade preparando para eles o pior: a sua transformação de depreciadora dos vínculos matrimoniais em zeladora da sacralidade do casamento.

Passar os natais com a vizinha do andar de baixo, passar o Ano-Novo sozinha — inútil recordar tais coisas, quanto mais contá-las: são histórias comuns em todos esses amores. O casal ex-moderno, porém, tinha também outro hábito, que não era estendido a todos os níveis sociais, como atualmente: fazer cruzeiros durante os quais a comunicação se tornava muito difícil, viagens longas, longas demais para uma moça que ficava sozinha, esperando.

A viagem mais longa foi aquela em que Nives ficou totalmente sem notícias dele. Uma noite, ouvindo várias vezes o *Bolero*, de Ravel, evocador de lembranças sensuais e notório incentivador de pensamentos tristes, pensou que o Advogadozinho talvez tivesse morrido. Não morrera, e essa foi a única vez em que o *Bolero* não havia funcionado como mau augúrio.

Antes de ele partir, em 31 de agosto, eles haviam feito amor de tal maneira que a coisa não podia terminar mal.

Realmente, no dia 31 de maio do ano seguinte, pontualíssima pelo menos uma vez, nasci eu, a menina mais amada do mundo.

Gattamelata*

Com oito dias a menina mais amada do mundo foi inscrita, sem o saber, no registro dos cristãos, e, sempre sem o saber, teve a primeira desilusão, vinda justamente do seu terno pai.

O batismo foi marcado no domingo, um dia desgraçado para os amantes clandestinos, sobretudo se são especialmente vigiados.

O tribunal fechado, os clientes calmos, o estúdio deserto, o jornaleiro bem ali aos pés da casa: nenhuma desculpa para sair, a menos que se quisesse provocar um pesado interrogatório que terminaria com um terremoto. O Advogado não teve vontade de fazer isso, e não fez.

Assim, quando chegou à igreja, vestida como uma Infanta de Espanha (sua mãe se esforçara e ficara trabalhando durante toda a noite nos arremates), nos braços da costumeira vizinha de casa que lhe servia de "madrinha", a pequena encontrou somente as três amigas que frequentavam a casa desprovida de homens: uma bordadeira, uma cabeleireira, uma moça que trabalhava na confeitaria. Não era um cortejo grande para uma princesinha.

---

* Estátua equestre do *condottiere* (capitão de mercenários) Gattamelata, feita por Donatello, c. 1450, em Pádua. (N.T.)

Cesarina Vighy

Sua mãe, depois de ter chorado muito tempo, de tanta raiva resolveu dar logo a alguém aquele vestidinho inutilmente suntuoso, e seu pai se envergonhou também durante muito tempo pela sua traição — que além de tudo fora feita em vão, porque os falatórios se difundiram de qualquer modo e os terremotos domésticos passaram a ser cotidianos.

Talvez ambos se culpassem pela cafajestada de ter dado à menina o nome daquela avó beata, Amelia. A qual não ficou nem um pouco comovida com isso. Pelo contrário, quando o pai levava a criança homônima, já crescida, para visitar aquela velhinha austera, sempre vestida de negro, ela sentenciava: "Esta menina é muito vaidosa", só porque a netinha, entediada e atemorizada, ficava quieta durante uma hora, sentada em um pequeno divã colocado diante de um espelho, que era obrigada a ficar contemplando durante todo o tempo.

Mas, como se dizia nos romances respeitáveis de antigamente, vamos dar um passo atrás.

Depois do nascimento, para acalmar um pouco as coisas, pensou-se em afastar as duas intrusas, a sedutora e a bastardinha.

Pádua era então (ainda é?) a cidade do pecado para os venezianos. Com o vaivém dos universitários que vinham de fora, as caras novas não espantavam ninguém.

Não se saberá nunca quais foram os critérios de escolha da pequena pensão na qual mãe e filha foram morar. O certo é que foi uma escolha estranha.

Uma metade da casa era a oficina de uma alfaiataria, e a outra a Maison Tellier, e como era uma casa muito grande, tinha alguns cômodos para alugar. A senhoria, dona Rita, era uma costureira muito competente, cujo passado tempestuoso, talvez equívoco, espicaçava a imaginação das senhoras mais finas e elegantes da boa sociedade, as quais talvez se lamentassem de não ter tido um passado tão aventuroso para contarem, ou talvez para se arrependerem dele.

O companheiro, ou, para usar um termo mais exato, o homem sustentado por Rita, era ruivo, maciço, com uns bigodes espessos que lhe davam um ar de patrão, mesmo que todos soubessem que não mandava nada.

As trabalhadoras, pelo contrário, eram moças boas do campo que aprendiam ali a coser, a cortar roupas, e a teoria do erotismo — mas não a prática. Como se pôde ver no caso de uma delas, uma belíssima morena Filha de Maria que se casou, muito tempo depois, com um parente distante das duas refugiadas venezianas, e que ficou famosa nas sagas familiares por ter voltado da viagem de núpcias, que ocorrera após dez anos de noivado "branco", ainda virgem. Mistérios da religiosidade ou da fisiologia, parece que ainda era virgem quando o seu médico, um arcanjo Gabriel de óculos de aro de ouro, lhe anunciou que esperava um filho. E o marido, involuntariamente apressado no ato sexual e um pouco confuso no que se referia a esses assuntos, trovejou em perfeita boa-fé: "Se estiver grávida, ficarei ciumento como Otelo!"

Uma só das moças, a preferida da pequena Amelia (que logo foi laicamente rebatizada de Pucci), parece que havia seguido com sucesso as pegadas da sua patroa: morena, alta, de boca redesenhada com batom em arco de Cupido, e um vistoso penteado copiado dos filmes da moda, simulando uma onda altíssima que vinha quebrar na testa.

Mas o verdadeiro amor de Pucci, que agora se tornara a filha de todas elas, era uma criada velha e muito feia que ocultava o instinto materno sob bigodes espetados que eram uma atração a mais para a menina.

Juntas levavam o café aos pensionistas, juntas iam fazer compras no mercado, juntas cozinhavam, isto é, enquanto uma preparava a comida, a outra se divertia sujando as mãozinhas com a farinha, os ovos e o molho.

Este laço tão íntimo, tão afetuoso, enternecia um pouco os outros mas os divertia ainda mais, porque Pucci, com seu apelido de cachorrinho, dera à velha amiga por sua vez, e muito inocentemente, o apelido de Cocca. O qual, se na sua mentalidade infantil queria dizer "querida", "predileta", nas bocas vênetas e maliciosas, com um "c" a menos, significava o órgão sexual feminino.

A mãe, que dos 12 aos 86 anos foi atormentada diariamente por terríveis dores de cabeça, deixava-as sossegadas. Apesar de suas pitorescas descrições das dores ("uma colher que vai escavando minha nuca", "uma coroa de espinhos", "sinto que um ferro de passar me atravessa, de uma têmpora a outra"), nenhum médico conseguiu entender qual a causa de dores tão constantes, e muito menos descobrir um meio de curá-las. No final da vida, ela desejava doar seu cérebro para qualquer instituto de pesquisas, enquanto os outros pensavam, todos, em uma superdose de elixir de longevidade.

Aquela casa era uma contínua descoberta: o jardinzinho onde se podia rolar na grama e olhar de perto os insetos; a escada de madeira que rangia quando se subia ou descia cem vezes por ela, com a felicidade inexaurível dos cães; o tanque de peixes vermelhos de um simpático estudante que o havia dado a elas para que mudassem sempre a água, uma operação difícil que a pequena conseguia executar habilmente, enfiando e retirando copos e copos de água, limpos ou sujos.

Mas a suprema atração, a maravilha das maravilhas, era algo que não sei se ainda existe ou se desapareceu com o limpa-penas, o espelho nas janelas, as campainhas puxadas a corda, a corrente da descarga. No primeiro andar das casas, por cima dos antigos pórticos, no cômodo que correspondia ao portão, havia um tijolo sob o qual se escondia um artefato conhecidos por todos. Quando alguém tocava a campainha, bastava levantar com um dedo um aro

O ÚLTIMO VERÃO

bem-dissimulado e olhar para baixo, cautelosamente — se a visita era bem-vinda, mandava-se entrar, se era inoportuna, fingia-se não estar em casa. Pucci, sentada na sua cadeirinha de vime, esperava durante toda a tarde que alguém tocasse, para se precipitar na frente de todos para o cômodo secreto e levantar o tijolinho mágico.

Pelo menos uma vez por semana o papai vinha vê-las. E saía com as suas belas mulherzinhas, para comer massas no Caffé Pedrocchi, "o café sem portas" (realmente não tinha portas, não havia necessidade delas porque ficava aberto dia e noite), ou para passear em uma estranha praça rodeada de estátuas, o Prato della Valle (" o prado sem capim") ou olhar com um horror admirado a língua milagrosa conservada sob um vidro na Basílica do Santo ("o santo sem nome", terceira parte de uma adivinha que se resolve com o nome da cidade).

Era estranho que a coisa que mais impressionava a menina fosse a estátua equestre do capitão mercenário chamado de "Il Gattamelata". Tudo bem, a estátua afinal era de Donatello, mas não comportava brincadeiras por ser um monumento importante demais, e, de qualquer forma, ninguém poderia montar na garupa do cavalo, porque era demasiado alto. No entanto, desde que aprendera a falar, e ainda se tinha dificuldade com a letra "l", a menina invocava o seu Gattamelata, e pedia para que a levassem para vê-lo, como se fosse algum noivo dominador.

Tal era o poder de fascínio daquela palavra, o nome que lhe haviam dado. Mas ela não podia saber disso, que o nome, "gata melada", fora dado devido aos seus dotes diplomáticos, às doçuras felinas que prometia e que não cumpria.

Um presságio? Uma reprodução de patinho, de Lorenz? Fosse como fosse, a menina conservou durante toda a vida uma inclinação pelos gatos, pelo mel e pelos capitães mercenários.

Excepcionalmente seus pais se afastaram uns poucos dias para resolverem uma coisa importante: uma viagem (de trabalho, é claro)

Cesarina Vighy

a Roma. Depois de hesitar muito, a mãe, preocupada, mas feliz, aceitou ter de deixar a filha nas mãos daquelas mulheres que sabia entenderem mais de homens, ou de agulhas e fios, do que de crianças, porque sabia também que o amor que tinham por Pucci ensinaria a elas o que tinham que fazer, como, e quando.

As improvisadas amas-secas trabalharam com zelo e a velha Cocca/"coca", que provavelmente era uma ex-guardiã de bordel, tornou-se pela primeira vez a professora. Na ausência do gato, os ratos bailaram alegremente: a menina, a diretora, a patroa e até mesmo o homem-zangão que esquentava a sua cama. As Filhas de Maria talvez fossem as que estavam mais felizes de brincarem com aquela boneca que sabia falar, não chorava nunca e tinha sido educada desde pequenininha para manter-se sempre limpa. Tiveram vontade de levá-la para casa ao menos durante um dia e uma noite, pedindo à menina que não contasse isso a ninguém, nunca.

Que maravilha! Pucci ficou sabendo o que era a vida no campo — naquele campo que os venezianos conhecem somente sob a forma de gerânios colocados nos vasos nas belas janelas — porque os seus "campos" são as suas praças. Nada de papinhas ali, mas feijão, fruta fresca não lavada, mas esfregada rapidamente no avental, só para que qualquer verme ou outra sujeira não fossem devorados também; um buraco no chão em uma barraquinha toda cheia de frestas por privada; poucas advertências fastidiosas e contínuas, pouquíssimas proibições — em suma, a liberdade.

Ao voltarem, seus pais, como sempre fazem as pessoas grandes quando esqueceram como eram na infância, a deixaram tonta com tantas perguntas, sem contarem nada do que haviam feito. A menina resistiu, resistiu e resistiu, mas uma noite, de tanta vontade de falar e orgulhosa de ter vivido tantas aventuras, explodiu: "Eu dormi em cima das folhas!" Tão impressionada ficara com o grande saco barulhento, cheio de milho, que lhe tinham dado como colchão.

O ÚLTIMO VERÃO

Foi perdoada, e com ela também as aprendizes. Mas males bem piores do que esse se preparavam. A Itália também estava para entrar na guerra, e o seu pai tinha decidido que finalmente todos os três deviam viver juntos, em Veneza, onde as pessoas agora tinham algo mais sério com que se ocuparem, comentarem e espionarem.

Antes de ir embora, Pucci pediu, muito séria, que queria despedir-se de Gattamelata. Teve a impressão de que sua carranca se distendera e que ele quase sorria para ela.

Os capitães mercenários gostam da guerra.

A guerra dos pequenos, a guerra dos grandes

Logo fui mandada para a escola de certas freiras francesas, muito chiques. Em troca de uma mensalidade salgada, não se importavam tanto com o fato de eu levar o sobrenome de minha mãe, e que fosse dispensada da ginástica para não ser obrigada a usar uma farda (horrível) de Pequena Italiana. Dois cuidados de meu pai, que fazem com que se perdoe generosamente este insólito desvio do seu laicismo.

Aliás, naqueles anos, a não ser por alguns velhos fanáticos e, no campo oposto, pelos emigrados políticos, todos viviam na contradição, aceita ou escolhida.

Com as freiras, honestas profissionais da fé, aprendi: a chamar a superiora de *ma chère mère*, a fazer reverências, a bocejar na igreja sem ser vista. Mas nunca aprendi, o que é uma pena, a prender com um único alfinete a cauda de um longo hábito em um coquete turbilhão de pano.

Graças à minha dispensa dos exercícios físicos, eu ficava sentada em um banquinho, a imaginar coisas. Foi ali que encontrei o meu príncipe encantado, o meu primeiro namorado. Era um menino magro e pálido, devidamente louro, de família rica, e que tinha uma das perninhas atingida pela poliomielite. Se trocamos ao todo umas trinta palavras já foi muito para uma aventura que se desenvolvia aos 6 anos, antes do segundo ano primário, que era o prazo máximo concedido aos meninos para frequentarem a virginal escola — um prazo que teria sido feito a partir da chegada da idade da razão, ou dos cálculos dos cientistas sobre o tamanho do pênis naquela idade? Cálculos esses, pensando bem, que não eram menos absurdos dos que os mesmos cientistas, naqueles mesmos anos, haviam feito para estabelecer os requisitos das "raças", puras e impuras.

Quando, trinta anos mais tarde, alguém me apontou, na rua, o meu primeiro amor, empalideci: um homenzarrão alto e gordo, com todos os sinais do beberrão veneziano, que caminhava com passadas grandes, acho que mais por exibicionismo do que por necessidade motora. No fim, basta esperar para a gente se curar de um mal de amor.

Para nós, em casa, aquele era ainda o período tranquilo da guerra. Veneza, que por sorte nunca foi arruinada por bombardeios, era belíssima com o *blackout*.

Céus estrelados como nunca mais vi, caminhadas com meu pai que me ensinava as constelações (eu, menina sabida, conseguia reproduzi-las com grãos de arroz em um prato, para admiração de todos), uma partilha secreta do firmamento apenas entre nós dois — ele, sabendo mais do que eu, se apossava das estrelas de brilho mais intenso, como Sírius, Aldebarã, Betelgeuse. E para mim sobrava, como prêmio de consolação, a azul Vega.

No ano de 1943, tudo mudou: a fábula tornou-se mais negra, mas era sempre uma fábula.

Já dissemos que as recordações, verdadeiras reconstruções integradas, são sempre recordações. Quem saberia então que meu pai fora o único na cidade que ousara assumir a defesa dos vizinhos

O ÚLTIMO VERÃO

de Marcello Petacci (o irmão de Claretta),* perseguidos por causa de suas diatribes contra os impostos? Quem saberia que às amáveis advertências feitas pelo questor ("Mas não sabe, doutor, que se trata do irmão da amante de Mussolini?") ele se pusera imediatamente de pé, fazendo a saudação romana, e servindo-se da sua ironia inteligente e congênita prontamente havia replicado: "Como ousa falar assim do nosso Duce?" Eu sabia, somente, que depois do dia 8 de setembro** chegou a vingança. Meu pai terminou sendo preso, sem nenhuma acusação específica, mas ao ver os companheiros de cela (os famosos vizinhos, testemunhas imprudentes e afins), compreendeu tudo, logo.

Parece que foram dois meses extraordinários: pelo menos, nunca antes ele comera tão bem (a legendária cozinheira do "vizinho" trazia diariamente delícias gastronômicas para todos). E esse senhor, o vizinho, revelou-se depois como um companheiro extraordinário — declamava, inspiradíssimo, *O inferno*, de Dante, enquanto à noite era bombardeada Marghera, bem próxima, entre a fumaça, o reflexo das chamas e os urros dos detidos. Um outro companheiro de cela, um

---

* Claretta Petacci (1912-1945), uma jovem romana de alta classe, tornou-se amante do ditador fascista Benito Mussolini. Em abril de 1945, no final da II Guerra Mundial, foi presa e executada, juntamente com ele. Seus cadáveres foram expostos à vilipendiação pública, em Milão. (N.T.)

** Em 25 de julho de 1943 Vittorio Emanuele III, rei da Itália, destituiu o premiê fascista Benito Mussolini, substituindo-o pelo marechal Pietro Badoglio. No dia 8 de setembro de 1943, esse governo, que estabelecera negociações secretas com os Aliados, visando um armistício, anunciou a rendição incondicional às tropas aliadas que haviam invadido a Sicília. E no dia 13 de outubro o governo italiano declarava guerra à Alemanha — como, no entanto, eram numerosas as forças germânicas no território italiano, as lutas entre as duas facções recrudesceram e persistiram até 1945, com a divisão entre os "partigiani", membros da Resistência, e os fascistas. (N.T.)

napolitano que fora posto ali talvez por acaso, armava encenações sobre sua família de seis filhos (na verdade, como depois foi descoberto, tinha somente duas filhas) e todos os dias seguia um ritual curioso: tirava do bolso chaves imaginárias de sua casa e percorria o trajeto, a passos contados, entre a sua loja de trastes desprezíveis que procurava vender em leilões fajutos e a sua residência.

Resumindo: uma jaula de loucos.

Até eu tive minhas migalhas de diversão quando ia com minha mãe me reunir com os parentes dos detentos, levando a muda de roupas de baixo, escassos alimentos e algum livro que houvesse passado pela censura. Eu tinha me tornado amiga de um cão que tinha sobrancelhas (arcadas de pelos diferentes dos outros, pela cor) e a sua ternura e vivacidade desmentiram para sempre o lugar-comum que diz que esta característica denota um mau caráter, no animal.

Meu pai e seus amigos, dado que não existia uma acusação formal contra eles, ou porque foram favorecidos por uma série de médicos complacentes, foram transferidos para o hospital e depois foram soltos. Se o período na prisão fora uma espécie de férias assombradas pelos percevejos (sempre que pegava um deles, o leitor de Dante, mudando rapidamente para um plural masculino que podia ser muito bem-compreendido até pelos que não eram linguistas, rugia, esmagando-o: "Malditos! Malditos!") — agora, o verdadeiro perigo se aproximava.

Organizava-se a Resistência e os intelectuais como meu pai, excelentes no manejo da pena mas não certamente no do fuzil, faziam ressuscitar clandestinamente os velhos jornais do partido. Ele se encarregava do *Avanti* e da redação de pequenos manifestos que depois um companheiro confeiteiro se encarregava de distribuir. Mas alguém deu com a língua nos dentes, e o grupo inteiro entrou para a lista negra, se é que já não estava lá.

O ÚLTIMO VERÃO

A guerra, entre as suas pouquíssimas vantagens, torna mais inteligentes as pessoas que estão em perigo. Uma manhã minha mãe disse que sonhara com flores, o que para ela era um indiscutível sinal de sofrimento iminente. Era ainda cedo demais para a normalidade da vida dos tribunais da cidade, mas a secretária telefonou do escritório anunciando, com rodeios de palavras vagas e insólitas em uma moça tão simples, a presença de "gente" que o procuraria em sua casa. Meu pai compreendeu imediatamente e fugiu. E o fez com tanta pressa que enfiou as calças sobre o pijama, tendo apenas tempo de divisar na saída do prédio um grupo de alemães e de republicanos que felizmente não o conheciam pessoalmente. A *garçonnière* de um conde "vermelho" esperava por ele: nada de mulheres, mas um refúgio seguro.

Enquanto isso minha mãe, especialista em cenas dramáticas e esperta como o seu herói da infância, Bertoldo, inventa que "aquele porco" a deixa frequentemente sozinha, sozinha com uma menina pequena; chora e se desespera, e os cavalheiros não sabem mais o que fazer, a não ser revirar a casa toda e sequestrar um velho livro de história que não tinha nada de subversivo mas cujo título, ignorantes como são, parece evocar o monstro bolchevista: *Dall'aquila imperiale alla bandiera rossa* ("Da águia imperial à bandeira vermelha"). Mas de repente uma ideia cinematográfica ocorre a um deles: levar embora nós duas para usar-nos como isca que deve ser abocanhada pelo pai ansioso. Mas para onde? O diretor da prisão recusa-se a nos prender, porque sou pequena demais. Finalmente um dos fascistas, para ganhar prestígio, oferece sua própria casa no Lido e a própria família como guardiã. Assim, passamos alguns dias respirando o ar marítimo: eu levada para passear pelo filho adolescente, minha mãe a conversar com a dona da casa, a qual, com o bom senso das mulheres, já compreendera como a guerra acabaria e que seria útil então ter se mostrado gentil conosco. Ou talvez desprezasse realmente aquele seu marido oportunista e velhaco, pois, vendo pela janela como ele andava pelo jardim usando, o dia inteiro, o habitual pijama listrado dos italianos que não trabalham, deixou escapar um "Olha só, parece um detento", que se revelou profético.

Com o fracasso daquela armadilha astuta, dentro de alguns dias mais estávamos novamente em casa.

É então que vivo a minha mais bela aventura de guerra: meu papai, que está louco para me rever, convence minha mãe de mandar-me passar uma noite naquela *garçonnière* já desconsagrada e de me fazer voltar para casa na manhã seguinte, sozinha, para não chamar a atenção de ninguém. Sozinha e levando algumas notícias que para mim eram incompreensíveis — uma autêntica mensageira *partigiana* ("da resistência") de 8 anos! Sozinha, eu que sempre andava acompanhada, que não deveria conhecer Veneza e que, como os cães, como os cavalos, como os gatos, devia encontrar magicamente o caminho. E que assim ando com desenvoltura pelas ruazinhas, passo rapidamente pela Ponte do Rialto como se ela fosse minha, porque é minha, sim, é minha esta maravilhosa cidade, com o sol, com a sombra, com o cheiro forte de especiarias por causa das drogarias do século XIX que foram pouco a pouco destruídas para dar lugar primeiro às lojas de rádios, depois de refrigeradores, depois de televisores, e enfim de celulares (não ouso sequer escrever o diminutivo afetuoso que somente os italianos usam para eles, como se fossem seus filhos caçulas), seguindo ou antecipando as ondas da moda.

Cumprida a minha missão, meu pai deveria deixar a outros companheiros em trânsito o refúgio hospitaleiro que já vira tanta coisa, entre os homens solitários, de barba crescida, talvez com as calças enfiadas por cima do pijama, a cabeça perdida em pensamentos que de luxuriosos não tinham nada.

O ÚLTIMO VERÃO

Um final feliz? Sim para alguns, não para aquele confeiteiro socialista que terminou no campo de concentração de Dachau, para sempre.

Agora o perigo está mesmo próximo, quase palpável, e é preciso encontrar outro refúgio. Este é oferecido por uma pequena e modesta família que tem uma casa escura em um beco sem saída, e que aceita aquele estranho pensionista mesmo sabendo muito bem quem ele é e que tipo de paz vem procurar. É duro ter de ficar ali entocado durante meses, sem poder sair nunca para tomar um pouco de ar, a não ser em alguma noite escuríssima e usando o ouvido bom para detectar patrulhas — pior ainda é ir acabar em Dachau.

Papai não pertence ao tipo dos que ficam deprimidos. Continua com sua atividade clandestina, escrevendo artigos, estudando e aprendendo inglês, enquanto em casa o pouco dinheiro economizado desliza para os bolsos dos que fazem o "mercado negro", e que sempre despontam quando o regime é de fome. Pessoalmente, sinto ainda náuseas ao pensar nos "picadinhos" de ervilhas secas — parecia inexaurível aquele estoque que minha mãe fizera, a custo. Eu era uma menina caprichosa — a minha resistência se concentrou nos "picadinhos" e assim venci a guerra. Mesmo magérrima, sempre conseguia deixá-los intactos no prato — mas todos eram magros então, podemos ver nas fotografias: uma maré de bigodinhos e de brilhantina, homens e mulheres descarnados.

A esperança é o melhor reconstituinte e a maior parte das pessoas daquele tempo conseguia manter-se de pé à espera do primeiro dia de liberdade, um conceito e condições novas e um tanto misteriosas para ao menos uma geração. Este primeiro dia, que aconteceu na cidade depois do 25 de abril, não foi tão heroico e entusiasmado. Não se pode entrar em Veneza com caminhonetes e com mocinhas que pulam nelas — como se costuma ver nos documentários cinematográficos. Além disso, a própria índole dos cidadãos, sempre irônicos e espirituosos (nisso constituem uma verdadeira exceção à impermeabilidade dos habitantes de Pádua), fez com que realmente pouquíssimos ingleses — um número tão pequeno que parecia casual — saíssem da Ponte que naquele tempo se chamava Littorio, encontrando quase ninguém para acolhê-los. Não havia o que ver, comentaram os irredutíveis venezianos, sempre voltados para o passado, quando os gloriosos galeões retornavam, depois das vitórias que o "nosso Leão" alcançara. Irônicos e espirituosos sim, mas muitos correram para fazer carimbar um pedaço qualquer de papel que, licitamente ou não, certificasse que haviam pertencido ao Comitê Nacional de Liberação e a alguma Brigada Partigiana — nos quais teriam efetuado atos dignos de reconhecimento, ou talvez mesmo de recompensa.

A esperança, a festa e o medo, tudo isso já terminara há alguns dias quando chegaram as notícias do Norte insurrecto. Insurreição? Aqui ninguém se rebela nunca, não é coisa digna de aristocratas decaídos, como somos.

Mas me recordo muito bem do dia 25 de abril. Um dia em que uma grande festa se realiza em Veneza há muitos séculos — o dia de São Marcos. A praça e a basílica são enfeitadas com rosas ("bocoli" é o termo usado) que são vendidas em cada esquina nos anos bons, pois uma tradição diz que os homens devem oferecer um "bocciolo" (botão) às mulheres e que estas o devem guardar, se é que gostam deles. Naquele ano de 1945, é claro que não havia tantas flores e nem tanto dinheiro para se gastar. Mesmo assim circulava um ar fresco e brincalhão entre todos os que haviam saído de casa e se espalhado pelas ruazinhas e pequenas praças. Alguns irresponsáveis atiravam ainda, dos telhados, mas ninguém prestava atenção — acabara o tempo deles, logo mais desceriam para se renderem, e pagarem, embora pouco, pelo que haviam feito.

O ÚLTIMO VERÃO

Um grupo de mulheres, entre as quais uma vizinha nossa, estava reunido conversando e conversando, como somente as habitantes de Veneza sabem fazer, perto da tabacaria, ao sol, em San Giacomo dall'Orio, uma bela praça com árvores frondosas, uma raridade em um lugar dedicado às águas.

Ouvimos um assobio, uma pancada, um rumor desconhecido, gritos, urros. A granada lançada por um daqueles desesperados que ocupavam os telhados, atingira em cheio o grupinho das felizes fofoqueiras, matando todas elas.

Para mim, naquele dia estourou a paz.

Inimizades

Quando ficamos adultos e depois velhos, e depois necessariamente doentes, temos a tendência de confundir fatos e episódios da infância e da adolescência, vistos de longe como iluminados por uma luz dourada, empacotados como bombons coloridos.

Mas eu, não. Eu sei que aquela é a época mais cruel, quando os arranhões são como feridas, porque a pele, tenra e suave, é mais sensível. Para algumas pessoas, portanto, certas antipatias espontâneas são vividas como ofensas imperdoáveis. Foi o que aconteceu comigo.

É fácil lembrar com ternura um homem que foi carinhoso, afetuoso, justo entre os justos, e além disso com a auréola do perseguido político que, justamente no momento em que eu me habituara a esperar atrás da porta o seu regresso, para que pudesse abraçá-lo, foi obrigado a permanecer longe de casa por períodos longos.

Quem estava sempre comigo era minha mãe, frequentemente estendida sobre a cama, com um lenço umedecido na testa, com as janelas meio fechadas, em silêncio, devido à sua cotidiana e épica hemicrania. Ninguém vinha nos visitar, nem um adulto com quem se poderia conversar, nem uma criança para brincar. Minha única transgressão era poder ficar sentada no chão, mas sobre uma coberta, por causa dos micróbios.

Minha mãe, como mil outras, tinha mania de limpeza. Era daquelas que gritam "caca, caca!" quando a criança apanha algo interessante do chão, e que fingem bater na mãozinha que se estende ingenuamente para que, juntas, mãe e filha admirem o novo tesouro. É assim que os filhos aprendem que o mundo é feito de merda, muito antes que tenham provas disso.

A inimizade entre mãe e filha é muito comum, e feita de mútua admiração, antipatia, inveja, confiança e suspeita: um laço estreito demais, como se fosse um cordão umbilical que pode até mesmo nos estrangular.

Há certas imagens que permanecem em nós, de uma maneira muito vívida.

Tenho de operar as adenoides que me fazem andar de boca aberta, parecendo uma tonta. Concordo com isso e experimento um misto de medo e de orgulho pela ideia de ter de enfrentar uma verdadeira cirurgia. Ideia que velozmente se transforma em realidade. Estou com 5 anos e uso um casaco cinzento com pontinhos vermelhos, recortado de um paletó de minha mãe, como impunha a última moda da guerra. Tiram-me o casaco e me instalam sobre uma estranha poltrona giratória; pela janela vejo o Grande Canal, que hoje é azul, e ouço os instrumentos tintilarem e se aproximarem quando, sem mais, me tapam a boca e o nariz com a pequena máscara de éter. Acordo dois minutos mais tarde e as adenoides não são mais minhas, estão em um pratinho de metal, bem à vista — serão jogadas aos gatos? "Assopra, assopra bem forte!", ordena-me o médico dando-me um lenço branco, imenso. Sai tanto sangue, depois um pouco menos, menos ainda, quase nada mais. Dizem-me para vestir novamente o casaco e caminho para a porta. Sinto muito orgulho pela prova

O ÚLTIMO VERÃO

que enfrentei e que venci sem me lamentar, sem chorar, e fico esperando um comentário de admiração, alguma palavra de louvor. Em vez disso, minha mãe, a atriz que representa seu papel, escolhe bem aquele momento para desmaiar. Todos a rodeiam para levantá-la, estendê-la sobre um pequeno leito, dar-lhe uns tapinhas que parecem carícias, ou fazê-la aspirar perfumes que têm cheiro ruim. No único dia em que eu era a protagonista, ela roubou meu papel. Ninguém se ocupa mais de mim, me ignoram parada perto da porta, olhando aquela cena idiota que nunca mais esquecerei, em toda a vida.

Uma outra lembrança.

Devo dizer que até eu ter mais de 20 anos, quando fui embora de casa, minha mãe sempre interveio autoritariamente na escolha dos meus vestidos, bolsas e sapatos — isto é, queria sempre acompanhar-me às compras, para ela própria escolher. Além de fazer com que durante muito tempo eu fosse incapaz de tomar qualquer decisão, isso me humilhava tanto que, sentada no banco, envergonhada, eu rompia em choro. Para grande desespero dos vendedores, que não sabiam como deviam tratar aquela estranha senhorita.

Nessa mesma loja predileta, que veria mais tarde as minhas vergonhosas lágrimas de adulta, chegamos alegres todas as duas, uma manhã: eu teria uns 4 ou 5 anos e havia visto na vitrine algo maravilhoso, sapatinhos brancos e verdes que mamãe me havia prometido comprar para substituir as usuais sandálias de buraquinhos. Não se tratava somente de um simples capricho — eram os sapatinhos da felicidade, não úteis, mas necessários. Vejo que minha mãe está horrorizada, mas ouço-a dizer "promessa é promessa". Vai pagar, fala um pouco com o balconista e saímos. Eu levo a caixa devotamente, como uma relíquia, como o Santíssimo, e de vez em quando beijo aquela mão finalmente maternal. Em casa, tremendo de excitação vou devagarinho tirando o papel do embrulho — e aprendo de um só golpe o que é uma traição: o Santíssimo não é senão um par de sandalinhas brancas, com uns furos. Não pergunto nada e ela também não diz nada — compreendi a expressão de desgosto, aquela conversa em voz baixa com o caixeiro. Vou para meu quarto e choro, silenciosamente.

É assim que a inimizade vai crescendo no coração das crianças. Um coração que é pequeno e não pode conter ainda tal quantidade de ódio deve mesmo guardar um pouco para os outros.

Para os que são da sua idade, por exemplo.

Quando os adultos querem nos levar para algum lugar ou a uma festa onde não temos vontade de ir, acham que despertam o nosso interesse dizendo "vem, você vai se divertir, haverá outras crianças lá" — não sabem o quanto erram. Seremos por acaso macacos ou cães, que acham graça de se encontrar entre animais semelhantes, para ficar catando os piolhos uns dos outros, mordendo-se as orelhas, farejando os respectivos traseiros?

Não somos animais parecidos uns com os outros, somos pequenas pessoas inteiramente diversas. Eu, por exemplo, detesto os da minha idade: os machinhos tão barulhentos, com aquela mania de correrem de braços abertos como se fossem aeroplanos, ou então de ficarem jogados no chão brincando com carros e imitando com a boca o barulho do motor; as femeazinhas, ainda pior, enfiando todas as continhas do colar, ou imitando, com a boca torta, as "senhoras" que falam de maridos e de vestidos, alienando-se dessa forma, sem saber, das conversas que poderiam vir a ter, no futuro.

Durante anos conservei essa antipatia pelas meninas. Quando via as minhas companheiras pararem diante das vitrines, passava ao largo; quando começavam a rir alto na rua, em grupo, convencidas de que estavam despertando a atenção e a admiração dos machos, eu ficava com vergonha e me separava delas.

Eu devia ser uma menininha detestável e detestada, sempre às voltas com livros, sabichona, de nariz levantado — características essas que somente eram disfarçadas pela timidez e pela covardia.

O ULTIMO VERÃO

Mas o que eu era? Uma fêmea, uma mulher, uma menina? Estava bastante confusa. Minha mãe (sim, sempre ela) me impedia sempre de deixar crescer os cabelos, impondo-me o ritual bárbaro e cruel do corte desde o nascimento, quando fez um barbeiro raspar minha cabecinha — muitos se admiravam de me ver de cabeça pelada, "uma tosa com cabelinhos que cresciam". Eu tinha de me contentar em fazer flutuar a cabeça diante do espelho, imaginando ter uma cabeleira fabulosa.

O que dizer então das meias soquete, que todas as companheiras já haviam abandonado por meias mais longas e mais elegantes, e depois, pouco a pouco, substituíram pelas meias de gente grande? Fui também a última a usar aquela saia com suspensórios. Quando eu protestava, ela me dizia, sem dar a mínima atenção: "Mas você não tem quadris!" E então? Por acaso não existiam o elástico, os cintos, os botões?

Tudo se agravava, naturalmente, naquela maldita escola de freiras onde conviviam, na mesma classe, as idiotas das boas famílias, repetentes costumeiras — mas encorpadas, altas, já namorando —, com ratinhas magras, esfoladas, mas que se saíam bem nos estudos. Foi justamente a mais bonita, invejada e odiada daquelas idiotas fúteis que encontrei um dia na rua, um dia terrível em que minha mãe me obrigou a usar um chapéu de palha de Florença, cheio de fitas e flores — de "pastorinha", se dizia —, para atravessar a cidade e tomar o barco maior a fim de ir ao Lido, visitar a minha madrinha. Nas ruelas estreitas, de vento encanado, o incômodo acessório de pastorinha voava da minha cabeça, o que divertia os passantes, cujos comentários me pareciam ser insultos malignos. Assim que ultrapassei as ruelas e saí para a amplidão maior e o sol do cais, achava que estaria a salvo de comentários quando subitamente me apareceu, toda bronzeada, a bela loura que, dizendo meu sobrenome, como era costume na escola, teceu louvores simples à minha elegância. Talvez fosse sincera, mas

Cesarina Vighy

interpretei seus comentários como ironia. Com o coração apertado, arranquei o odioso objeto da cabeça e o dobrei em quatro, em oito, em dezesseis partes, em 32, para liquidá-lo, matá-lo. Queria fazê-lo desaparecer da face da terra.

A propósito de corações partidos.

Aquele Jesus de barba loura curiosamente partida, de olhos azuis de nórdico, segurava um coração na mão nua, sem ao menos um pedaço de pano, uma luva, um pedaço de papel, e era bem um coração sanguinolento aquele, um tanto repulsivo, quase palpitante. As freiras enfiavam em todos os lugares aquelas figuras de Jesus; havia até uma que movia os olhos para nos seguir até a porta com um ar de terna recriminação, mas ninguém tinha medo dele.

Mas a meditação que tínhamos de fazer na Sexta-Feira Santa, essa sim, nos metia um pouco de medo. Ela concluía todos os anos os chamados exercícios espirituais que consistiam em não ter aulas, fingir ler textos edificantes, rezar ou cantar todas juntas, pensando cada uma no que queria. Nossa atenção era despertada subitamente pela chegada "dele", o padre encarregado de plasmar as nossas almas tenras com os exercícios prescritos, justamente, pela ginástica espiritual. Alto, com um ar bem tenebroso, Dom Saverio, que logo mais seria monsenhor Saverio, fazia bater mais rapidamente os corações de todas, freiras e meninas, semeando neles o gosto do pecado, deliciosamente.

O seu cavalo de batalha era justamente a meditação da Sexta-Feira Santa. Íamos encontrá-lo já no seu lugar, na igreja, com a cabeça entre as mãos, absorto em pensamentos de tal profundidade que nem ao menos ouvia o fru-fru de nossos aventais, o arrastar dos pés, os estalidos dos bancos. Retomando-se, como se saísse de uma imersão submarina, começava a contar, com um tom muito profundo de voz, a Paixão de Cristo: a condenação, os escarros, as chicotadas. Depois, sempre com aquela voz baixa mas vibrante, passava ao suplício

O ÚLTIMO VERÃO

infamante: a cruz pesadíssima, a subida do Calvário, as quedas. A crucifixão com os seus acessórios de pregos, a posição extremamente incômoda que Jesus assumira na cruz, e o golpe de lança no flanco, que exigia um tom de voz mais alto, para explodir finalmente naquele grito desesperado e lancinante: "Deus meu, Deus meu, por que me abandonaste?" Silêncio. Um longo silêncio. Uma pausa artística, com a cabeça novamente entre as mãos. Quando a levantava novamente, começava o exame: ia nos fixando uma a uma, procurando explicitamente quem de nós teria sido a culpada por tanto tormento. Como não a encontrava, concluía que todas nós éramos culpadas, e depois de nos ter descrito nos mínimos detalhes as penas do inferno, ameaçava-nos com ele, a não ser que... A não ser que sentindo um arrependimento verdadeiro e aflito fôssemos nos lavar do pecado refugiando-nos no confessionário, que era o primeiro e incerto passo para a nossa redenção.

Eu, que já gostava tanto de teatro mas ignorava ingenuamente qual fosse a sua realidade profissional, decidi ir confessar-me com Dom Saverio, sem saber que os atores principais não gostam de se ver rodeados pelas jovens promessas, mas sim pelas velhas pecadoras.

Vasculhei minha consciência procurando nela os desejos mais torpes, os pensamentos mais blasfemos. Fosse pela meditação precedente, ou por um pouco de talento natural (digo isso sem modéstia), fui arrastada para o papel de Maria Madalena. Ah, como me seriam úteis naquele momento os seus cabelos compridos!

Mas o padre com um gesto de mão gelou as lágrimas que eu já conseguira produzir, e com uma voz não mais vibrante, não mais sedutora, me disse: "Tudo isso é bobagem. Três padre-nossos, avemarias e glórias."

Ofendidíssima, levantei do confessionário e fui embora, sem rezar o ato de contrição.

Foi assim que o pastor perdeu a centésima ovelha; não procurou por ela e nunca mais tornou a encontrá-la.

"Sua paixão predominante é a jovem principiante"*

Como todas as adolescentes, eu achava que era feia.

Magérrima, de seios pequenos, eu não era nem carne nem peixe. Há muitos anos já estava na moda imitar as estrelas de cinema, as atrizes americanas com seus pezinhos, seus cachinhos, e — que lástima! — seus narizinhos. E pensar que os museus estavam repletos de retratos de damas antigas, rainhas de copas, com peitos amassados pelos corpetes, faces coradas como a dos bêbados e narizes bem mais compridos do que o meu. Que poderia até ser bonito, tão nobremente fino, apoiado sozinho sobre uma mesinha de cabeceira — mas que, no meio do meu rosto, não combinava. Ou melhor, era eu que não o sabia portar, impô-lo com a devida autoridade. E, além disso, na dúvida entre se devia me tornar um homem, admirado pela sua inteligência, ou uma mulher adequada a encarregar-se de pequenos serviços, eu não podia me decidir a usar truques de maquiagem que teriam melhorado o meu "exterior".

• • •

---

* "Sua paixão predominante/ é a jovem principiante", do livro *Diário de um sedutor*, do filósofo dinamarquês Soren Kierkegaard (1813-1855). (N.T.)

Cesarina Vighy

Parece que Virginia Woolf se sentia muito embaraçada quando precisava se dirigir a uma balconista para comprar pó de arroz. Quanto aos absorventes, ela própria os fabricava. Mas quando escrevia um bilhete do tipo "Caro George, você se mostrou muito descortês no meu chá de ontem..." esse George, era George Eliot *
Cada um tem seu tipo de timidez.

Minha mãe, mesmo nos delicadíssimos campos feminilidade/ virilidade, beleza/feiura, não podia me ajudar muito. Ficava me criticando pelo fato de eu não ter prazer nos afazeres domésticos (gostaria tanto de conhecer alguma mulher que tivesse), de não saber cozinhar (eu quase não comia), de não conseguir costurar um botão ("não é preciso saber muito, uma *mulher* pega a agulha e pronto"). Ao mesmo tempo, me convidava a estudar para ser independente, deixando para ela, que já estava tão habituada a essas coisas, aqueles trabalhos todos, sem me ensinar nada.

Quanto à beleza, depois de me ter repetido muitas vezes que eu se não era bonita era "fina", disse um dia uma coisa terrível. Procurando um exemplo de mulher de sucesso em sua cultura de folhetins, achou uma: "Olha só a Elsa Maxwell!" Uma repugnante anã que ganhava a vida e a possibilidade de frequentar a sociedade chantageando ricaços, atrizes e atores, com a ameaça de divulgar seus podres nos seus artigos venenosos. Elsa Maxwell era o modelo que uma mãe dava a uma filha que não era nenhum monstro nem uma depravada, mas unicamente uma mocinha atormentada pela melancolia da idade...

---

* George Eliot é o pseudônimo masculino que a escritora inglesa Mary Ann Evans (1819-1880) foi obrigada a adotar. Há um possível erro da autora nesta passagem: Virginia Woolf não poderia se corresponder com George Eliot, pois viveu de 1882 a 1941. (N.T.)

Mas meu pai, ao menos, descobriu algo para me propor concretamente: fazer teatro. Apresentou-me ao diretor do Teatro Universitário local, instituição de muito prestígio, que então estava numa fase intermediária entre o amadorismo e o profissionalismo. Fui aceita.

Encontrara enfim o meu lugar, o lugar designado ao narcisismo dos tímidos que, finalmente, mascarados como são, podem dizer com as palavras de uma outra pessoa aquilo que pensam, e muito, muito mais.

Tornei-me uma pequena estrela, aprendi a me maquiar, viajei com a companhia, inebriei-me com o odor poeirento dos camarins, tive admiradores bem-intencionados que não me agradavam, enquanto os outros, os mal-intencionados que me atraíam, ficavam parados no umbral como se houvesse uma redoma de vidro me protegendo ou negando-me o prazer: a boa família, a cultura maior, a ingenuidade.

Mas existem também os que justamente se sentem atraídos por essas características, os que têm prazer em roubar a mulher do amigo, em perturbar a devota, em corromper a mocinha: Don Juan, enfim.

O meu apareceu uma noite no teatro e me foi apresentado como um jornalista perseguido e demitido do seu jornal preconceituoso e conservador, devido à independência e à coragem que ele demonstrara defendendo suas próprias ideias.

Era o retrato (hoje eu diria a paródia) do intelectual de esquerda: um ar de suficiência, olhos semicerrados, óculos que tirava e recolocava com uma frequência desenvolta, cabeça ligeiramente mas constantemente inclinada de um lado, um dos ombros abaixado como se tivesse de sustentar o peso de um grande volume imaginário, substituído na realidade somente pelo jornal que conservava sob o braço. Um detalhe importante, a roupa marrom (veremos depois por quê).

Dirigiu-me uma quantidade justa de elogios, isto é, muitos, mas corrigidos por algumas observações que para mim soaram como novas e precisas. Ofereceu-me uma amizade respeitosa, passeios pitorescos e entradas para a Mostra de Cinema. A única coisa que fizemos foram os passeios.

Mordi a isca como um peixinho, sem conseguir ver, além do aspecto de um cavalheiro tão distinto, os verdadeiros desejos e os vagos desígnios de um homem que tinha o dobro da minha idade.

O que eu via nele? Era simples: a confirmação definitiva da minha feminilidade, com o despertar imprevisto e incontido dos sentidos ainda intactos, fechados, jovens.

Além disso, o meu Don Juan pessoal era realmente um sedutor, tinha todos os requisitos devidos.

Amava verdadeiramente as mulheres, ao contrário da grande maioria dos homens que se persuadem de amá-las para não se sentirem eles próprios desvalorizados, preferindo sempre, porém, as companhias masculinas, com as quais se fala com simplicidade de coisas concretas, às femininas, nas quais é preciso penetrar em um labirinto de exigências, acusações, deduções, contradeduções às vezes difíceis, frequentemente aborrecidas, arriscando sempre o final odiado, envolto em lágrimas.

Amando as mulheres, ele as conhecia e com elas se tornava por sua vez mais sensível, mais sutil, mais inteligente.

Conhecendo-as, ocorriam-lhe espontaneamente as palavras certas, as propostas atraentes, os beijos leves, as carícias onde e como devem ser feitas, no início lentas, como se quisessem somente relar na pele, e depois, à medida que captava a temperatura em ascensão da companheira, elas se tornavam mais rápidas, profundas, possessivas.

Foi assim que conheci todos os portões e ruelas da Veneza erótica antes de ir à sua casa, onde vivia com a mãe, sempre fechada no seu quarto, aproveitando a pequena aposentadoria que ela recebia.

Com a paciência de um pescador, ele sabia esperar que o peixinho viesse implorar para ser frito, e limitou-se a um cumprimento muito agradável à minha precoce cinefilia: "a tua boca é até mais bonita do

O ÚLTIMO VERÃO

que a dela", disse, indicando uma foto na parede que enquadrava os lábios, apenas os lábios, de Greta Garbo.

Esperei pelo seu aniversário para me dar como presente a ele; foi assim que o pescador de esponjas obteve a sua pérola rara.

Os problemas começaram quase em seguida. Ele, que estava mal de finanças, teve a cara de pau de apresentar-se aos meus e eles (incrível!) tiveram a ingenuidade de nos considerarem como noivos. Usei, talvez, uma palavra injusta, dura demais, talvez aquela correção que habitava dentro de meu pai fazia com que visse mais o bem do que o mal. Talvez tenha usado a tática, o recato dos bons, de obrigar o outro a ter uma conduta honesta, demonstrando que o considerava como um cavalheiro e que me confiava a ele. Mas usou uma frase errada ("aliás, minha filha é sexualmente tranquila") que me feriu e me impeliu a demonstrar-lhe o contrário do que dizia.

Minha mãe, por sua vez, com seu bom senso de camponesa, logo percebeu nele pequenos indícios de sua má-fé: "Por que usa sempre o mesmo terno marrom?" Ele afirmava que tinha preguiça de ter de esvaziar os bolsos, mas minha mãe notava que seu terno estava sempre perfeitamente passado. Donde concluía que os bolsos necessariamente haviam sido esvaziados, e deduzia que ele tinha somente aquela roupa.

Armou uma pequena e eficaz armadilha para o "morto de fome", como agora o chamava. Uma noite que ia ao cinema com meu pai, convencida de que eu, apesar da proibição, deixada sozinha em casa, aproveitaria para fazer o meu noivo subir, deixou um cigarro meio escondido no último degrau da escada.

Quando voltou, viu que não estava mais lá.

Na qualidade de noivo frequentava a nossa pequena família, entretendo-se obviamente mais com meu pai, pelos seus discursos intelectuais, do que com minha mãe, cuja hostilidade e perspicácia havia percebido.

Mas coube justamente a meu pai comprovar a sua mesquinharia, defeito bem mais grave do que o da pobreza.

Uma noite, estávamos falando de Maquiavel (Oh, como somos cultos!) e meu pai, apaixonado pelos livros e orgulhoso de sua biblioteca, foi logo pegar um belo volume encadernado em couro vermelho. E em vista da admiração e do interesse demonstrado pelo seu interlocutor, terminou por emprestá-lo a ele, embora com o coração apertado e com muitas recomendações de que o tratasse bem.

"Passa um dia e passa o outro/ nunca mais volta o valente Anselmo." Todo mundo sabe o que acontece com os livros emprestados. Depois de algum tempo pede-se o livro de volta, deixa-se passar um período mais longo e pede-se novamente, com certa vergonha; no final das contas, não se sabe mais como tocar no assunto e deixa-se a questão à sorte e à memória do outro.

Aquele que está sem pecado que atire a primeira pedra; eu mesma conservo um par de livros que não posso mais restituir devido à morte dos respectivos proprietários. Este é um pequeno remorso entre os tantos que os maníacos como eu poderão compreender; aliás, os *amateurs* é que são o terror das bibliotecas, e ficou famoso o caso de um ilustre professor que foi apanhado na Biblioteca Vaticana exatamente no momento em que retalhava os seus preciosos códices. Mas no nosso caso, não se tratava do enlevo de um estudioso que daria (quase) a vida para possuir aquele manuscrito ao qual dedicara anos e anos. Mais simplesmente, o que aconteceu foi que meu pai, em uma de suas periódicas visitas àquelas sombrias lojas de sebo onde passava suas horas mais deliciosas (uma paixão transmitida a mim e a qual exerci até os livros usados serem substituídos por estoques de saldos e blocos falimentares), viu o seu volume de Maquiavel. O seu Maquiavel, porque para os amantes de livros estes são como seus filhos, que poderia reconhecer entre mil cópias

O ÚLTIMO VERÃO

inegavelmente iguais — não teria nem mesmo necessidade de fazer um pequeno inquérito, que lhe confirmou o nome do vendedor.

Papai voltou para casa mais deprimido do que indignado — contou-me tudo e me deu de presente o flamejante volume, para que eu o guardasse sempre como uma advertência — e realmente está ainda aqui comigo, à mão, na minha biblioteca.

Ah! Don Juan, por que me fazes recordar estas misérias? Por quê, em vez de cear eternamente com o teu Convidado de Pedra, deslizaste após cinquenta anos em um sonho que é só meu, figura deformada e irracional que agora sou obrigada a fazer reviver?

Segundo o lugar-comum, que muitas vezes é uma verdade comum, eu havia perdido a cabeça. Um dia, um pouco preocupada, mas somente um pouco mesmo, porque os jovens pensam frequentemente que seja impossível o que é provável, eu te perguntei: "E se eu ficasse grávida?"

E respondeste com ternura (verdadeira ou falsa? É o que ainda me pergunto): "Haveria tanta candura nesse nascimento."

Aqui se fabricam anjos

Não houve nascimento, e muito menos candura.

Fui sozinha a um médico que me confirmou a hipótese que eu mencionara mais por brincadeira, e recorri à citrosodina — pronta a negar e renegar como as garotas fazem quando confrontadas com algo difícil que acreditam, de boa-fé, ser impossível.

Por um tempo consegui resistir, mas, diante da Santa Inquisição de minha mãe, desabei e me entreguei de mãos e pés atados.

Don Juan foi expulso de casa, e eu fui encerrada dentro dela; ele continuava a rondar pela vizinhança, eu temia até chegar perto da janela.

Entrementes as pessoas que haviam perdido o último capítulo da novela davam os bons conselhos que deveriam me ter dado antes: ficar distante daquele homem que era um mesquinho aproveitador e um grande depravado, queria casar comigo só para poder ter uma situação melhor, tinha nos contado um monte de mentiras etc. etc.

Até mesmo as freiras, que eu há muito abandonara, trocando-as pela escola pública, o conheciam. Anos atrás ia sempre buscar na saída das aulas, acompanhado de um cachorro grande e espetacular, uma aluna muito jovem que era a sua amante, filha de uma senhora da qual fora também amante outrora — o que era o cúmulo para aquelas virginais velhas moças que agora já viam em qualquer cão grande e vistoso o de Mefistófeles. Uma delas, encontrando minha mãe, ousou dizer, toda vermelha: "Diga à Pucci que todas as irmãs estão rezando por ela."

Mamãe voltou para casa furiosa, pois via dissipar-se a possibilidade de revanche sobre uma vida cada vez mais humilhante — a filha vestida de branco que sairia de casa em gôndola, para se casar na igreja.

Tinha por mim afeto suficiente, porém, para querer impedir que eu arruinasse minha vida, e naquela idade me "enforcasse" com um filho e com um marido patife.

Eu não pensava assim. Até comprei uma bola em forma de urso e a escondi. Minha mãe a encontrou e a jogou no lixo.

Meu pai hesitava. Recordo com embaraço retrospectivo uma cena patética demais. Papai, arrasado, em uma poltrona; eu no seu colo, com a cabeça apoiada no seu peito, soluçando; ele que cede, como se se tratasse de um brinquedo desejado e negado, dizendo com uma voz velada que eu odiaria para sempre: "Sim, meninas minhas, eu vou trabalhar, trabalhar para todos."

Mas minha mãe, mulher-tigre, foi inflexível. Falou muito, como se estivesse em um tribunal, explicando com muitos exemplos por que não tínhamos razão. Resumindo, se não nos convenceu, pelo menos se impôs.

Vencendo a causa, recorreu às artes medicinais que havia aprendido na sua aldeia — era estranho que o sangue não a impressionasse mais (uma prova, para mim, de que aquele seu desmaio quando viu minhas adenoides no pratinho não tivesse passado de uma encenação, ainda que involuntária). Não ficava também impressionada com feridas; pelo contrário, havia se transformado no pronto-socorro da rua. "Vamos levar a criança para a Advogada", diziam as mães quando seus petizes se machucavam. Eu a vi cuidar de um menino que berrava como um porquinho por ter derramado piche fervente em um joelho, que estava negro.

Mas ela não sabia nada dos males das mulheres. Conhecia apenas um remédio, um escalda-pés com folhas de mostarda, que me aplicou sibilando entre os dentes: "Eu me sinto como uma velha cafetina."

Não aconselho esse remédio a ninguém, só serve para queimar os pés. Só a Scarlet O'Hara é que perde o bebê rolando uma única vez pela escada; mil outras mulheres massacradas diariamente pelas surras que levam dos maridos, infelizmente chegam até o parto.

Visto o insucesso, começamos a nos dirigir muito cautelosamente ao mundo exterior. Começou então em casa um verdadeiro desfile de personagens um tanto suspeitos, geralmente médicos que haviam sido expulsos da corporação, bem-educados, mas que abrigavam pensamentos maus. Um chegou a me propor uma pequena cirurgia que me faria "voltar a ser o que era antes". Eu senti meu estômago revirado e o expulsei de casa.

Os meus pais começaram a olhar para mais longe.

Todas as cidades pequenas têm o seu duplo: o menor e menos importante e, o que realmente conta (como é Pádua em relação a Veneza), distantes uns 30 quilômetros, a gêmea malvada aonde se vai fazer compras proibidas, resolver questões um tanto sujas, amores clandestinos. Pode-se voltar para casa no mesmo dia, mais leve, normalmente, os mesmos de sempre, porque tudo o que não se sabe é como se fosse inexistente.

Meu pai se lembrou de que naquela cidade-satélite desfocada vivia um amigo seu de infância, obrigado a suportar uma situação matrimonial semelhante à sua. Com muita vergonha dirigiu-se ao amigo, e recebeu ajuda.

Naqueles anos 1950 (horríveis, nada de *Happy Days*, como dizem), o inglês ainda não se tornara o esperanto universal, um tanto estropiado, mas com grande poder de penetração: usavam-se ainda expressões francesas, como *savoir-faire, bon vivant, tombeur de femmes* ("saber fazer", "que vive bem", "conquistador de mulheres"), uma cintilante corrente de erres rascantes que poderia levar a um *bon mariage* ("bom casamento"). Ou então, nos casos infelizes, a ter de se fazer uma visita às *faiseuses d'anges* ("fazedoras de anjos").

Uma bela expressão que poderia evocar pequenas lojas cheirosas onde mulherzinhas de mãos etéreas de rendeiras esculpem, lustram, pintam anjos médios, pequenos, minúsculos. Mas nunca anjos grandes, nunca os que ultrapassam os três meses, porque o castigo para elas é pior.

A lojinha aonde eu fui não era cheirosa, a não ser considerando-se como tal o odor dos feijões em cozimento, quando não se está com fome. Mas também não era um antro com uma enorme mesa onde se esquartejavam pessoas — era uma cozinha, simplesmente. Éramos esperados. Meu pai, entrando, talvez querendo adequar-se ao ambiente e fingir desenvoltura, disse a única frase em dialeto vêneto que eu o ouvi pronunciar, em toda a vida: "*La ghe xé cascá*" ("ela deu um mau passo").

A dona da casa, acompanhada de uma moça muda que lhe servia de assistente, talvez uma sobrinha, convidou-me imediatamente a entrar no quarto e deitar-me na cama, que estava coberta por uma toalha de mão. Não me parecia um trabalho difícil o da *faiseuse d'anges*, e nem muito perigoso: já haviam sido inventados os canudos de plástico, modernos substitutos das agulhas de tricô. Além disso, eu não pude ver muito as manipulações que executavam sobre o meu corpo: para me distrair, deixava meu olhar escorrer pela penteadeira, pela reprodução da Madona de Loreto, pela coberta de seda que fora tirada da cama e cuidadosamente dobrada sobra a poltrona, encimada pela obrigatória boneca.

Não era um trabalho difícil porque o resto dele eu própria devia fazer; e o acabamento final seria feito pelos médicos de uma

O ÚLTIMO VERÃO

clínica, como se diz, tolerante. A mulher me avisou honestamente que durante a noite eu sofreria muito ("como um parto"), e me recomendou caminhar, mas sem perder o canudo que colocara dentro de mim. A um certo ponto, tudo deveria sair.

Meu pai pagou, agradeceu e saímos diretamente para a casa do amigo de infância que nos acolhia. Tudo levou um quarto de hora, no máximo.

Começou a minha noite de dores. Para lá e para cá no corredor, para lá e para cá no banheiro: corredor, banheiro, banheiro, corredor. Nada.

Passei horas assim, com dores no ventre, dores fortes, fortíssimas. Temerosa de que saísse "tudo" pela casa, fixei residência no banheiro.

Como dizia o cômico Carlitos, a vida vista em primeiro plano é uma tragédia, em plano de fundo é uma comédia. Pálida, sentada ingloriosamente no bidê, eu certamente não tinha a aparência de uma rainha. Mas quando, repentinamente, saiu do meu corpo uma espécie de minúsculo bonequinho, enegrecido, ensopado de sangue, pela primeira vez senti a solenidade da morte.

Meu pai foi então, na calada da noite, jogar o meu bonequinho no canal. Foi a única ação má da sua vida.

Basta. Não me recordo de mais nada, não quero dizer mais nada, nunca sonhei com essas coisas, e agora não sei por que as conto. Voltei mil vezes para aquela cidade que era nosso satélite, foi lá que estudei, mas nunca mais procurei rever aquelas casas.

O sorriso altivo de Gattamelata, mão de ferro em luva de veludo, mestre de ambiguidade, soldou-se diretamente à minha ansiedade pela lição escrita de latim, um ensino que ainda vigorava na universidade em uma cidade pecadora mas conservadora.

O estudo me apaixonava. O teatro, que pensara ser a minha vida, perdia cada vez mais o interesse. Parece que eu conservava por ele, de certo modo, um rancor misterioso. É estranho como mudamos de paixões. Continuei a frequentar teatros durante muitos anos, como espectadora. Mais por dever do que por prazer, para não deixar de ver os espetáculos importantes. No final, eles só me provocavam sono, um entorpecimento doentio que uma vez faltou pouco para me fazer cair de um camarote de plateia. Acordei imediatamente e o ridículo da situação me deixou perturbada. Sem me fazer muitas perguntas, deixei de frequentar teatros.

Não queria ver as pessoas, principalmente as que me haviam conhecido "antes". Na universidade abri-me um pouco, porque todos eram novos lá, mas quando voltava para casa eu me refugiava em mim mesma.

Don Juan, em vez de permanecer no inferno para continuar eternamente a cear e a discutir com o seu Comendador, teve um pensamento digno dele. Dirigiu-se ao Procurador da República para acusar meu pai de haver sequestrado "sua mulher e seu filho". Mas o magistrado, que conhecia a ambos, soube como agir.

São terríveis aqueles que mentem de boa-fé, e perigosos, porque estão convictos de que cada um de seus castelos construídos no ar seja na realidade feito de paredes sólidas, com suas belas ameias, torrezinhas, passagens, e que possa isolar-se por meio de uma ponte levadiça, segundo a sua vontade. Nós, sem fantasias desse tipo, ficamos ali, perplexos, nos perguntando se por acaso não estaremos errados de negar um processo de apelação a um pobre que continua a proclamar a sua inocência, virando as circunstâncias de cabeça para baixo, insinuando uma pequena dúvida no júri, aquela pequena "dúvida razoável" que basta para absolvê-lo.

O ÚLTIMO VERÃO

• • •

Eu não podia continuar a viver na minha cidade, porque haviam queimado o terreno sob meus pés e retirado os amigos que eu não queria mais ver, com os quais não mais me entendia.

Acentuava-se assim a minha predisposição natural à melancolia — uma melancolia ambiental, assim eu a definiria, que não suportava mais a romântica névoa, o transbordo da água nos canais, o som sufocado dos sinos, principalmente na hora das Vésperas, na tarde que já se fazia noite.

Em casa a situação já era muito tensa. E assim, quando eu disse que queria ir para Roma, seguindo um famoso professor com o qual já trabalhava na minha tese, e que fora chamado para concluir sua carreira naquela cidade, não encontrei nenhuma objeção insuperável.

Encontraram um alojamento para mim na casa de uma espécie de tia e eu parti para uma vida nova, se não com as bênçãos pelo menos com o consentimento formal de meu pai e de minha mãe.

"A Moscou, a Moscou!"

A ironia espirituosa, mas cáustica, usada por meu pai para parafrasear a veleidade da aspiração das três irmãs a se tornarem moscovitas, foi derrotada.*

Eu ia de fato para Roma e ainda por cima custeada por ele. Certamente eu mudaria de vida, ao contrário de Olga, Masha e Irena que, em Moscou ou na pequena guarnição militar provinciana em que viviam, sempre permaneceriam como tristes solteironas ou como neuróticas malcasadas.

Eu já conhecia a cidade e já a amava como se fosse uma pessoa, com aquela ansiedade, com aquele temor de perdê-la, de não conseguir possuí-la inteiramente que são próprios, justamente, do amor. Desejava que chegasse o dia em que a paixão se transformaria em um afeto tranquilo, o dia em que eu estivesse integrada a ela de tal modo que poderia me queixar, como todos os seus verdadeiros habitantes, das suas falhas e dos seus desconfortos.

---

* Referência à peça *Três irmãs* do dramaturgo e ficcionista russo Anton Pavlovitch Tchecov (1860-1904). (N.T.)

Naquele tempo, para mim só poderia haver ou uma gruta de eremita onde pudesse me encerrar ou uma grande cidade onde pudesse me esconder.

Mimetizada como um camaleão sobre a folha de uma árvore, eu me sentia finalmente libertada. Dos laços, das armadilhas, dos murmúrios que sempre nos seguem na nossa cidade natal — o lugar que deveria ter, pelo contrário, a obrigação de ser para nós uma mãe, de nos amar.

Os dois bocados que comia no almoço pareciam ser o alimento mais delicioso que jamais provara, e encontrar-me sozinha na rua, em uma pequena praça, em um beco, valia tanto quanto uma aventura na floresta.

"Roma não acaba nunca", suspirava, tropeçando nas pedras do calçamento, Leopardi,[*] que não gostava absolutamente dela; para mim, pelo contrário, estas palavras soavam como uma promessa: haveria sempre algo para se descobrir, uma inscrição para ser decifrada, um fantasma para desencavar. Enfim, uma festa ininterrupta, aquele bolo da fábula, do qual sempre há um último pedaço. Para as pessoas que gostam da solidão, estar em um lugar onde ninguém possa situá-las com precisão pode ser, justamente, uma alegria rara: talvez seja precisamente este o prazer que se encontra nas viagens.

Às vezes uma espécie de remorso vinha me perturbar; mas era um remorso esnobe, o de ter preferido a beleza aberta, fácil, de Roma à de Veneza, cidade mais álgida, mais fechada, na qual realmente, apesar dos grandes elogios que lhe são tecidos, ninguém gosta de viver.

● ● ●

---

[*] Giacomo Leopardi, poeta italiano (1798-1837). (N.T.)

O ÚLTIMO VERÃO

Entre a Praça Navona e a via Giulia, na via del Mascherone, há uma lápide com uma inscrição meio apagada, dedicada a um poeta que é conhecido somente pelos especialistas:

"O poeta Guglielmo Federico Waiblinger, vindo da Alemanha, onde nascera, nesta Roma Imortal encontrou a pátria dos seus sonhos. Somente aqui foi feliz. Morreu nesta casa aos 27 anos, no dia 17 de janeiro de 1830."

Somente aqui foi feliz.

Até a década de 1950, Roma era uma cidade de gostos e necessidades simples, até mesmo elementares.

As lojas dos artesãos dividiam ainda o sol e a sombra com os edifícios do centro, que não tinha necessidade de se chamar "histórico". Os padeiros conviviam com os merceeiros, mas também com os joalheiros. Vendedores de salames, de verduras e açougueiros podiam ser encontrados em todos os lugares. Alguns salsicheiros tinham ainda uma licença dupla de comércio e no verão se transformavam em vendedores de chapéus de palha e de artigos para a praia, por causa de um antigo preconceito, ainda difundido apesar da chegada dos refrigeradores, que considerava a carne de porco imprópria para consumo nos meses quentes.

Os romanos tinham dois braços e duas pernas, porque não haviam ainda se transformado naquele povo de mil pés e de deusas Kali que tem necessidade de uma miríade de lojas de sapatos e de camisas — lojas essas que só Deus sabe por que estão coladas umas às outras.

Havia porteiras de tamancos com os seus maridos sonolentos, que diziam quando por acaso chegávamos às suas guaritas enquanto comiam: "Está servida?" Eu ficava sempre perplexa, fazia perguntas sobre o que estavam comendo e às vezes aceitava, até que me

Cesarina Vighy

explicaram que se tratava apenas de uma fórmula antiga de cortesia camponesa, à qual se devia responder com outra fórmula adequada: "Obrigada, eu já comi."

As rotisserias eram o reino dos homens e das mulheres sozinhas, mesmo se alguma mãe de família preguiçosa às vezes também aparecia por lá.

Nelas eu fiquei conhecendo os famosos embutidos que me deixaram espantada com seu comprimento de fios telefônicos, e as mozarelas em carroça com a surpresa de uma pequena anchova enfiada dentro delas, as flores de abóbora alegremente encharcadas de óleo. Os frangos giravam nos espetos, na vitrine, um prato que naquele tempo era para dias de festa — isso antes que seu consumo fosse aconselhado pela alta administração, para encorajar a economia nacional; realmente dali por diante se transformaram em um prato banal e ninguém mais se importou com eles.

Os banhos públicos eram numerosos; para os que não tinham uma banheira digna deste nome, e principalmente para os que, morando em algum quarto alugado, faziam questão de pagar um extra pelo serviço e de usufruir em paz o seu banho semanal, sem pessoas reclamando do outro lado da porta, sem aquele fiozinho de água quente que parecia querer nos fazer o desaforo de não sair. Nunca se viam tubos tão grossos e jatos de água tão potentes como os dos banhos públicos. Que nos bairros eram verdadeiramente públicos, isto é, da prefeitura e de gestão concedida a um particular (como aqueles grandiosos da Garbatella); no centro da cidade, porém, eram administrados pela mão férrea do comendador Cobianchi, que mantinha inclusive a estratégica Casa do Passageiro, localizada na estação ferroviária. Cleopatro Cobianchi, o único homem do mundo com este nome.

No que dizia respeito a nomes, Roma era bastante original. Os que se chamavam Benito eram já rapazinhos bem crescidos, se não

O ÚLTIMO VERÃO

homens-feitos, que muitas vezes ostentavam aquela sua etiqueta declaratória com certo mal-estar. Muito mais desenvoltos eram os Spartaco, para os quais os pais haviam conseguido garantir um nome subversivo, driblando o furacão dos regulamentos sobre onomástica previstos pelo fascismo. Se a astúcia de vetar o uso de nomes estrangeiros nos havia proibido os Lenins e Stalins, ela não havia funcionado em relação ao nome Spartaco, que bem ou mal pertencia à história romana. E se fossem esmiuçar, até o nome Benito era estrangeiro, e, além disso, o de um revolucionário, mas essa era certamente a exceção que confirma a regra. E seguindo sempre uma tradição romana antiga, revivida à força na campanha demográfica, apareciam os vários Primo, Secondo, Terzo, Quarto e assim por diante, até as famílias obterem isenção de impostos na benemérita categoria de "famílias numerosas" — a que deveria nos fornecer oito milhões de baionetas.

Logo abandonei a casa da tia adotiva, que era muito rigorosa comigo, e me vi às voltas com o problema de procurar um lugar para morar. Mas não queria nem saber de todas as possibilidades que havia fora do centro — porque Roma só é Roma até suas muralhas. Descobri um quarto em um beco nas vizinhanças da Fontana di Trevi: vizinho, e não diante dela, ou ao seu lado, mas o rumor da água e os jatos que conseguia vislumbrar quase despencando da minha janela me eram suficientes.

Como acontecia frequentemente, minha senhoria era uma ex-prostituta de uma categoria muito baixa; o que podia ser lido na sua cara pelo modo como se maquilava — parecia que havia passado uma camada de cal no rosto e nos olhos, que eram azuis, bonitos, e ofuscados por um pó negro que ela fabricava em casa.

Sua principal característica, porém, era sua linguagem, não somente abundante em expressões vulgares, mas com as consoantes de tal forma deformadas que eu nunca consegui nem sequer entender se o seu sobrenome continha um "p", como se via na plaquinha de latão sobre a porta da rua, ou um "b" como ela pronunciava. Usava na gola do casaco uma "loba"* e me augurava como supremo bem que eu pudesse ter logo o meu próprio televisor.

Vivia com um tipo que se dizia seu tio, sempre em camisas de manga tanto no inverno como no verão, um hábito que ela me dava como exemplo de resistência e vigor quando eu me queixava timidamente de frio: "Olha só o meu tio, que tem 80 anos." Como em todos os velhos edifícios romanos, em lugar de aquecedores — considerados como um luxo sibarítico — havia uma estufa de carvão que esquentava somente o corredor. Apoiando as costas nela, o vetusto mas valente tio passava todos os meses hibernais, em camisas de manga.

A fauna dos inquilinos era a costumeira: na maior parte homens pálidos, humilhados e ofendidos. Só a vizinha do quarto ao lado do meu era interessante: uma moça, antes uma senhorita, bonita, pálida, melancólica, que eu tinha a impressão de ter ouvido chorar algumas vezes, do outro lado da parede.

Uma noite ouvi baterem na porta — era ela. Contou que era calabresa e que vivia havia muitos anos em Roma, aonde chegara com um irmão menor, por ter passado em um concurso dos Correios. Criando coragem, me contou tudo a seu respeito, isto é, o pouco que lhe acontecera na vida, como acontece às vezes nas longas viagens de trem, onde o desconhecido companheiro de compartimento é escolhido como confidente e testemunha de fatos que lhe eram

---

* Signo fascista. (N.T.)

desconhecidos há dez minutos. No entanto percebi que a moça não me contava tudo — a narração se interrompia quando aflorava o que se referia ao irmão, que sendo um macho devia servir-lhe de guardião, mas que também era protegido por ela, por ser um rapazinho; no rosto da narradora transparecia então um tímido e urgente pedido de ajuda. Finalmente o nó se desfez. O irmão morrera há alguns anos — a confusão do pós-guerra, as complicações burocráticas lhe haviam impedido de mandar seu corpo de volta à Calábria; durante muito tempo ele ficara em uma câmara frigorífica no cemitério de Verano, onde afinal, cansados de esperar, lhe haviam encontrado um pequeno local de descanso na terra. A irmã acreditava que passados tantos anos tudo estaria em ordem, quando repentinamente lhe chegara uma carta que pedia, ou antes ordenava que estivesse presente na exumação do cadáver. Quando? Amanhã. Ela tremia, chorava, não queria ir sozinha. Naturalmente, iríamos juntas. Foi comprar um daqueles caixões de metal para as "reduções" e nos apresentamos ao coveiro. Era um belo tipo de personagem shakespeariano que já estava à nossa espera, apoiado na sua pá. "Olha", foi logo nos dizendo, "não posso retirar o cadáver". "Por quê?". "Porque ainda está inteiro". "Não!" Um "não" retórico, quase um grito, que foi interpretado pelo homem como um sinal de desconfiança na sua perícia profissional. "Então vou escavar e mostrar", disse ofendido. Mas com o segundo "não", ainda por cima acentuado pela palidez da irmã, que assim anunciava seu próximo desmaio, ele compreendeu: era angústia, medo, horror. Ele sacudiu a cabeça: não eram senão corpos mortos, aqueles, não podiam fazer mal a ninguém, e mais do que tudo representavam seu trabalho, o pão de seus filhos. Assim mesmo nos levou até o diretor do cemitério.

Os escritórios do cemitério de Verano. Poderíamos, idiotamente, pensar que seriam sombrios, com móveis negros apoiados sobre patas de leão, silenciosos; em vez disso, são como todos os outros, com

Cesarina Vigny

a mobília que a administração destina segundo o grau, os empregados que falam de remuneração extraordinária e um burburinho de mexericos.

O diretor foi muito gentil: mandou vir dois cappuccinos, persuadiu os fornecedores a aceitarem de volta a caixa de metal das "reduções", restituindo o dinheiro. Ocupou-se de tudo.

Fomos embora consoladas, quase contentes.

Aquela manhã me havia ensinado mais coisas do que um curso inteiro de filosofia.

Talvez naquele dia, mas em um terreno já preparado, nasceu em mim uma paixão pelos cemitérios que não se contentou com os lugares, mas germinou em uma pesquisa de necrológios e inscrições, de guias e de livros sobre o assunto que hoje ocupam duas estantes da minha heterogênea e maníaca biblioteca.

Últimas palavras famosas, suicídios bizarros e testamentos extravagantes foram o meu delicioso alimento durante anos: tornei-me quase uma especialista; para assustar todas as crianças que me atormentavam, usava um livrinho negro em forma de caixão e um chaveiro de propaganda do mesmo objeto tão macabro mas tão necessário.

Eu compreendia muito bem que aquela era uma maneira de exorcizar a morte, quando ela ainda está longe. O que eu não compreendia era que qualquer tipo de coleção que tende para a mania, dos inócuos selos aos inquietantes éditos sobre execuções capitais, já tem o odor da decomposição.

João e Maria na casa da bruxa

"Deixa, eu fiz remo!" Eu, que estava me despencando entre os bancos à procura do meu precioso lápis com borracha na ponta, virei-me para ver de quem seria aquela voz, quente e redonda, de sotaque romanesco.

Onde outros teriam visto apenas uma garota muitíssimo obesa, displicentemente vestida, de maneiras um tanto rudes, eu vi cabelos arrufados pelo vento na corrida de moto, e olhos verdes um tanto ansiosos, traços finos anulados pelo corpanzil que ela não merecia. Já havia afastado o banco e encontrado o meu lápis.

Chamava-se Maria Antonieta, um nome bastante banal, mas que portava como se fosse uma rainha da qual ninguém teria jamais podido cortar a cabeça.

Tinha realmente uma moto, ou melhor, uma pequena Lambretta, e se ofereceu para levar-me até minha casa.

Ficamos inseparáveis, desde aquele dia. Tínhamos mais ou menos os mesmos interesses e fizemos disso um pretexto para estudar juntas. Mas na realidade, como fazem todos os enamorados, os quais por esse motivo nunca se aborrecem juntos, contávamos nossa vida uma à outra, em turnos alternados. E enquanto isso os seus olhos realmente verdes a cada dia se tornavam menos ansiosos, mais ternos,

Cesarina Vighy

às vezes suplicantes. Ela também havia tido uma iniciação dolorosa e, se eu tinha perdido uma criança, ela perdera a beleza.

Nós duas pensávamos a mesma coisa, mas sem dizer: que o Acaso, ou o Pai Eterno, que evidentemente não entende nada de certas coisas, havia se enganado quando tornara machos e fêmeas tão necessários uns aos outros, mas também tão irreparavelmente diferentes. Como perguntam, não sem razão, os manuais americanos de psicologia do tipo vendido nas estações: por que os homens nunca querem pedir informações sobre o caminho, e por que as mulheres não sabem ler um mapa? Dessa maneira, haverá sempre um perdedor, um que deve abaixar primeiro a cabeça. E por que duas naturezas tão diversas, uma simples, em relevo, desafiadoramente exposta, e a outra secreta, escura, a parte côncava de um decalque, procuram obter uma da outra o prazer casual, se são complementares, mas opostas?

Um dia declaramos uma à outra o que pensávamos e ela, sem me responder, roçou pouco a pouco meus lábios, com uma suavidade que eu nunca sentira antes.

Assim, sem necessidade de cavalheiros e de rainhas, para nós o pretexto requerido foi um lápis com borracha na ponta.

Há pessoas que são o desmentido vivo seja da teoria da hereditariedade, seja a da influência do ambiente. Maria Antonieta era uma dessas pessoas.

A mãe, a melhor delas, uma romana de família antiga decaída socialmente mas que encheria de alegria qualquer especialista em linguística ou em dialetos, pois sobre a sua boca surgiam espontaneamente termos e expressões que eu reencontrava nos livros sempre com uma nota, "extinto atualmente na forma oral"; o pai, o pior, pequeno funcionário de um ministério, servil e mau, fascista, não sei se por nostalgia ou frustração, e cuja violência reprimida somente se liberava na casa, como se adivinhava facilmente.

O ÚLTIMO VERÃO

Nesta família nascera e se criara Maria Antonieta, uma das pessoas mais inteligentes e hábeis que conheci. Talvez a doença que havia deformado as linhas originais do seu corpo fosse o tributo pago pela carne para que o seu espírito se mantivesse livre.

O inverno chegara, e suas visitas ao meu quarto haviam se tornado cada vez mais frequentes, mas, não obstante o novo calor da nossa ligação, os respingos da Fontana di Trevi eram sentidos por nós como gelos sobre a nossa espinha, enquanto o tio octogenário, um pacífico Buda, grudado, ou antes agora já incorporado à estufa de lenha, deixava escorrer o tempo de vida que lhe restava.

Começamos a procurar nos jornais os anúncios em grande oferta de quartos, quartinhos, ambientes espaçosos. Viva, havia um alojamento em pleno centro, na via Frattina, com a esplêndida novidade de um verdadeiro sistema de aquecimento instalado — embora não dissessem nem uma só palavra sobre as paredes de marzipã.

Fizemos todas as tratativas por telefone: pensão completa para mim, uma cama a mais para ela, enfim, era quase uma casa para nós duas.

Nós nos apresentamos à noite, em um horário mais que decente, mas a matrona opulenta que veio abrir a porta, a senhoria, afirmou que nós a tínhamos de tal modo assustado que, levantando-se enfurecida, deixara cair o termômetro que colocara na mãe, e o quebrara. Nós, como verdadeiras damas, apenas obtivemos as chaves, descemos novamente e fomos imediatamente comprar outro termômetro na farmácia noturna Garieni da Praça San Silvestro, que naquela época era o ponto de todas as pessoas de teatro e dos notívagos de Roma.

Com esse gesto de cortesia nós nos entregamos a ela, para sempre.

Compreendeu imediatamente a que tipo nós pertencíamos e que sempre nos submeteríamos a ela. Aliás, a senhora Giorgiana era realmente uma mulher fora do comum. À primeira vista parecia ser um cruzamento entre Madame Paz e a bruxa das fábulas, mas, apenas abria a boca (e abria frequentemente, para falar ou rir) a gente percebia que ela era mesmo uma bruxa. Tinha um único dente, comprido, que se erguia na arcada inferior, ameaçador, fálico. Mais tarde, quando nos tornamos quase amigas, ela nos contou que vivera durante muito tempo no Egito, com o marido — tinham uma vila em Heliópolis, à beira do deserto, e aquele contínuo alternar de temperaturas, do calor fervente do dia ao vento frio da noite, havia sido a causa de todos os seus dentes terem caído. Os casos que contava eram sempre ambientados sobre fundos exóticos ou turvos, mas críveis, expostos em sua bela linguagem toscana, apenas prejudicada pelo ligeiro silvo que provinha de seu dente fálico. Era alta, imponente, com os cabelos brancos presos em um coque orgulhoso — era quase normal no inverno, mas durante o verão circulava pela casa envolta como uma rainha em uma toalha que lhe servia de pareô.

Vivia com a mãe, velhíssima e doente, e dizia: "Vocês vão me ouvir falar de todos, menos das duas únicas pessoas que eu verdadeiramente amei: minha mãe e meu marido." Poucos dias mais tarde a mãe teve de ser levada para um hospital, onde morreu logo. A nossa senhoria convocou justamente nós duas, pelo telefone, escolhidas entre todos os pensionistas por uma instintiva confiança, ou porque tínhamos uma Lambretta (esta hipótese é a mais provável) para que levássemos até o hospital as roupas necessárias para vestir a defunta. Obedecemos.

Eu vi então pela primeira vez, horrorizada, o corpo nu de uma mulher velha: as rugas, as mamas reduzidas a dois saquinhos meio vazios, o púbis desprovido de pelos.

Maria Antonieta e eu pensávamos que já havíamos cumprido a nossa boa ação quando percebemos que a convocação incluía também o velório noturno.

O ÚLTIMO VERÃO

A senhora nos deu uns jornais para passar o tempo, enquanto já estava empenhada em resolver as palavras cruzadas da *Settimana Enigmistica*. Eu não sabia que se devia fazer companhia daquela forma aos cadáveres, não tinha ideia de que passar uma noite inteira em uma cadeira de metal fosse tão cansativo. De vez em quando levantávamos para ir ao banheiro e a minha amiga me carregava nas costas para que eu pudesse soltar um pouco as vértebras comprimidas, mas eu não podia fazer o mesmo com ela, devido ao seu peso. Tínhamos de resistir, e resistimos.

Os rígidos horários dos hospitais nos ajudaram, pelo menos uma vez — ainda não surgira o dia quando entraram em ação os da turma da limpeza, carregando baldes, vassouras, e trazendo suas irreverentes tagarelices. Com os primeiros toques dos infalíveis sinos, pudemos nos afastar dignamente.

Devo dizer que a senhora Giorgiana nos mostrou certa gratidão e nos recompensou à sua maneira. Não foi certamente fechando um olho para os nossos costumes pessoais (aquele olho já vira muitas outras coisas), mas gratificando-nos com suas melhores histórias. A minha preferida era a da revolta de Ezio Barbieri, um bandido do tipo de Vallanzasca que circulava pela miserável Milão do pós-guerra em uma fantástica Aprilia negra e entrava nas casas noturnas com a metralhadora debaixo do braço. Dotado de um grande carisma e com uma ideologia confusa, conseguira provocar um motim no cárcere de San Vittore, então abarrotado com exemplares os mais variados da humanidade: fascistas ferozes, republicanos torturadores, resistentes que haviam se sujado com crimes comuns. Era a época da Páscoa de 1946 e durante quatro dias os detentos conseguiram enfrentar os soldados, a polícia e o exército, que naquele ano turbulento estavam tão desorganizados e desprovidos de fundos, mas, em compensação, bem pouco garantidos: no fim os detentos se renderam devido à fome, como em qualquer cerco que se respeite.

Cesarina Vighy

Parece que, em um momento de trégua, o chefe do motim escolheu o cômodo mais amplo e, encarapitado na cadeira do diretor, fez desfilar todas as mulheres, homenageando cada uma delas com uma enrabada, quando passava diante dele. Somente a nossa senhoria conseguira se livrar e fugir, quando chegou a sua vez, proclamando altivamente: "Não comigo, que sou uma presa política!"

Muito tempo mais tarde outra prisioneira me revelou que Giorgiana estivera presa, sim, mas por explorar a prostituição; eu, porém, teria até velado outro defunto para ouvir histórias como estas.

Pensando bem, certamente esse seu delito era o mais provável, mas a arte da narrativa não tem necessidade da verossimilhança.

Certamente a casa em que vivíamos assistia a um discreto vaivém de mulheres, principalmente depois de certa hora — eram amigas, dizia ela.

Uma noite fomos acordadas por um insólito rumor de marcha: uma das amigas, amparada pelos braços das outras, era obrigada a percorrer em ida e volta o longo corredor, várias vezes, e a beber muitos cafés. Parece que tentara se envenenar porque o velho joalheiro que a sustentava, caprichoso, arranjara outra mulher. Mas não foi nem mesmo necessário fazer-lhe uma lavagem gástrica e nós voltamos para a cama.

O clima superaquecido do ambiente contaminou até a nós. Os ciuminhos, as pequenas rusgas que, mesmo invisíveis, estavam se formando naquele relacionamento perfeito nos transformaram em objetos de ira, fugas e gestos vulgares. A mais teatral, a mais melodramática das duas era eu, que fora eleita desde o início como a senhora, o guru — e ela era a minha escrava, minha criada. Uma noite, expulsei-a de casa, joguei todas as suas coisas na rua, do quarto andar, enquanto as pessoas sentadas no café lá embaixo nos olhavam, espantadas.

O ÚLTIMO VERÃO

Éramos tão inteligentes e também tão burras que não compreendemos que, mesmo com a intimidade mais terna, nos relacionamentos como o nosso também se reproduzem os mecanismos da relação homem/mulher, vencedor/vencido, sem igualdade, e sem mesmo, afinal, as honras das armas.

Naquela casa, por outro lado, aprendi muitas coisas práticas: por exemplo, a romper os nós fáceis com os quais estão selados os relógios de gás e da eletricidade. A senhora me dizia, com uma simplicidade persuasiva: "Você, senhorita Amelia, com essas suas mãozinhas faz isso melhor." E era verdade.

Depois, uma coisa importantíssima: aprendi a comer. Eu sempre fora uma menina enjoada, uma adolescente neurótica, uma adulta patologicamente indecisa entre um alimento e outro, até chegar ao jejum. A dieta da patroa me curou. Nada a reclamar: primeiro prato, segundo e a fruta. Mas o primeiro prato consistia em quatro fios de macarrão, o segundo em duas folhas de salada com uma fatiazinha de carne através da qual se poderia ver Cristo na cruz; e a fruta era sempre uma inexorável maçã. Poderíamos deixar de comer essas coisas, mas não havia alternativa alguma. Depois, a gente come, mas com o decorrer dos meses, dos anos (sim, fiquei morando lá durante anos), desenvolve uma fome crônica, contínua, que parece muito a dos indianos, dos biafrenses, de todos os pobres-diabos da terra.

Não era certamente má vontade ou malandragem da senhora. Todos os pensionistas pagavam regularmente a mensalidade requerida, mas a senhoria estava sempre enfrentando o alto-mar: dívidas acumuladas? Juros de agiota?

Ela nos ensinou que não se deve nunca pegar uma folha de papel que um oficial de justiça nos estende, nunca abrir a porta, porque ele não pode enfiar a intimação por baixo dela, deve rigorosamente colocá-la na mão, seja lá de quem for, de mão para mão.

Cesarina Vighy

Quando se metia mesmo em alguma encrenca, a senhora Giorgiana tinha ainda uma rota de fuga: fazer-se internar, não sei sob qual pretexto, em uma clínica que era reconhecida como ideal para doenças nervosas. E na qual, na minha opinião, em troca da hospitalidade onerosa, experimentavam nela os efeitos de novos fármacos. E que efeitos! Quando voltava para casa, depois da tempestade passada, estava muito perturbada — não mais deprimida, mas tão alegre que parecia ter ficado louca. Uma vez, nesse estado, tentou embriagar o canarinho, pobre bichinho.

Durante a sua ausência nós éramos entregues a uma criatura maravilhosa, a velha Maria, uma *servante au grand coeur* ("criada de coração grande"), um tipo que eu achava que devia existir somente na literatura. Não comia para nos dar o parco alimento, e quando fiquei doente me tratou com uma ternura que seria mais a de uma avó, chamando-me para meu grande prazer com um apelido que nunca mais ouvi: "Cimice, cimicé".

Tinha um amante: um operário da sua idade, casado, com o qual podia se encontrar, depois que a mulher dele descobrira o caso, somente de manhã muito cedo, para tomarem juntos o café em um bar. E sempre que, no resto da vida, eu passava naquele determinado local da via Monterone, não podia deixar de pensar que aquele fosse talvez o verdadeiro amor.

O barco doméstico afundava e os pensionistas, um por vez, o abandonavam. Até mesmo eu, que parecia um ratinho medroso, tinha a tentação de deixá-lo. E assim, quando a inquilina de um pequeno sótão me convidou, imprevistamente, para mudar com ela para um apartamento de verdade, onde dividiríamos as despesas, eu concordei.

Antes que o galo cantasse, eu já havia me mudado.

Se os psicanalistas se despsicanalizassem

Lá em cima, o pequeno sótão (vamos chamá-lo assim) não era nada mau.

A minha coinquilina tinha maneiras rudes e trocava pouquíssimas palavras comigo. Talvez por causa da sua nobreza: era uma marquesinha economicamente decaída, que todas as manhãs acordava cedo e corria para o escritório sem ao menos se lavar, mas que todas as noites, abandonado o "hábito" e o status de empregada, circulava com os amigos do seu ambiente natural pelos locais elegantes da cidade, em alentados horários.

Reservara para si um cômodo muito espaçoso que tinha uma passagem direta para o terraço e — o que era mais importante — ao banheiro adaptado, como acontece em tantas casas do centro antigo, no cubículo externo que antigamente era destinado às necessidades fisiológicas.

Para mim, havia um quarto minúsculo com uma janelinha muito alta que dava para os telhados — de um gênero muito boêmio, mas havia sempre a preocupação e o desconforto de ter de atravessar a zona *dela* quando eu tinha necessidade de me servir do ex-cubículo.

Havia ainda um cachorro grande, muito terno, que dormia em um verdadeiro colchão do seu tamanho. Um gato trazido por mim juntou-se logo a ele — tornaram-se tão amigos que descansavam ternamente enlaçados sobre o insólito leito, dando um pequeno espetáculo cotidianamente.

As visitas de Maria Antonieta continuavam: mas a marquesinha era uma pessoa de traquejo social. Continuávamos as belíssimas viagens, de Lambretta, coloridas com os meus caprichos. Lembro-me de uma que fizemos a Amiata, parando em Grosseto às duas da madrugada porque eu não queria partir com o raiar do sol à procura dos rastros do visionário barroco Davide Lazzaretti.*

Depois, em compensação, fomos a Nomadelfia, onde vivem as mães mais heroicas, as que, depois de ter criado os filhos dos outros, os fazem tomar seus próprios caminhos, prontas a acolher outros.

Maravilhosa Toscana, terra de blasfemadores e de santos, de anarquistas e de loucos.

Se faço menção destas viagens, que agora no máximo são organizadas para as velhas aposentadas, não é somente por nostalgia, sentimento que certamente me aproxima dessas senhoras, mas pela sensação sufocante de hoje, a de que o mundo esteja se comprimindo, incluindo as viagens, para nos estrangular. Não, este não é o lamento de quem acha bonito tudo o que se refere à sua própria juventude,

---

* Davide Lazzaretti (1834-1878) foi um fanático religioso e visionário socialista que quis fundar uma religião, a da "Igreja Jurisdavídica". Entrou em conflito aberto com a Igreja católica, proclamando que não reconhecia nem mesmo a autoridade do papa. Ligou-se com revolucionários franceses e obteve um grande apoio popular e de intelectuais. Foi perseguido intensamente pela Santa Inquisição, que o entregou ao poder laico como subversivo perigoso; em 1878, em uma procissão que organizara, foi fuzilado pela polícia, juntamente com vários de seus seguidores. Sua personalidade e suas ideias místico-socialistas foram tema de estudo para filósofos de várias correntes, desde sua época até recentemente, incluindo trabalhos de Gramsci e de Hobsbawm, e uma extensa biografia feita por Roberto Gemmo, em 2002. (N.T.)

O ÚLTIMO VERÃO

uma idade que faz sofrer muito, mas é um fato concreto que poderá ser constatado por qualquer pessoa que queira refletir um pouco: dos dez mil nomes que se usavam há uns quarenta anos, passou-se a três mil, da infinita variedade de maçãs se salvam apenas as *renette*, as *golden* e poucas mais. E onde é que poderemos encontrar um pedaço de tecido ou um botão rosa-antigo, azul-pavão, turquesa, azul-pólvora, verde-nilo? Quem consegue ainda mentalizar com exatidão essas frágeis esfumaturas?

SOS: salvai as nossas almas!

Maria Antonieta era uma companheira adorável nestas aventuras: curiosa, atenta, participante. Quando voltávamos para casa, recomeçavam os problemas. Faltava pouquíssimo para terminarmos os estudos, mas não os concluíamos, seja porque passávamos dias e noites a nos atormentar com problemas muito cerebrais, seja porque um temor neurótico nos impedia de enfrentar as coisas concretamente.

Ai, ai, deixei escapar a palavra "neurótico". Então será preciso recorrer ao profissional para pôr um pouco de ordem nas coisas. Desesperada, Maria Antonieta, talvez por motivos econômicos, procurou uma psicóloga, terapeuta muito renomada no seu ambiente, muito severa, muito católica, de *tailleur* escuro e coque chignon, como nos filmes. Parece que a tarefa atribuída a essa categoria de pessoas é a de falar, dar conselhos, endireitar coisas, intervir pesadamente na vida dos outros, visando o bem, é claro. Ou, pelo menos, o que elas acreditam ser o bem. De saída eu lhe sugeri o batom, os brincos e um penteado mais ordenado e feminino.

Depois, a terapeuta impôs a Maria Antonieta que não me visse mais, nunca mais.

Cesarina Vighy

Amiga minha, doce e furiosa, seguidora devota de um falso guru, somente agora compreendo porque nunca sonhei contigo. A dura proibição, que seguiste com uma obediência imediata, cega e absoluta (como teria dito o teu pai seguidor de Mussolini), estendeu-se até aos meus sonhos, nos quais vejo frequentemente uma casa que deveria ter sido a nossa. É muito pequena, como aquela em que se encontra encerrada Alice, de *Alice no País das Maravilhas* (que não é absolutamente maravilhosa), e tem uma janelinha inacessível perto do telhado, igual à do meu quarto. Às vezes consigo entrar por ela na casa, outras vezes não.

Mas você nunca está lá dentro.

Fui então obrigada a procurar um psicanalista, já que eu pertencia a um outro habitat e dispunha de algum dinheiro graças ao meu pai, cada vez mais perplexo. Era quase uma moda, naquele tempo, e só havia o problema de escolher entre um junguiano e um freudiano. Com bom senso e com a minha escassa propensão a remexer nas profundezas, teria sido melhor, para mim, ir pescar no primeiro grupo — onde se fala, se tira a poeira ou se descobrem os mitos, lendas, símbolos, enfim, onde se pode passar de maneira agradável o tempo. Pelo amor da ortodoxia, escolhi o freudiano.

O professor M. tinha realmente o *physique du rôle* (a aparência física para representar seu papel) e por isso me agradou muitíssimo. Bastante jovem, mas calvo, com óculos de aro de ouro, pequeno como um elfo, um louquinho, uma criatura mágica do bosque. Um estúdio agradavelmente em penumbra, sóbrio, com o divã regulamentar. O único particular que destoava — para mim, mas não para ele — era um relógio de mesa voltado para o seu lado, para o qual de vez em quando dava uma olhada que pretendia ser indiferente, como faz um motorista com seu taxímetro.

A primeira sessão foi bastante boa — uma espécie de réplica de confissão do tipo "Maria Madalena", mas com um resultado melhor do que aquela que, na época das freiras, me levara a abandonar todo tipo de fé religiosa. Logo descobri que esse resultado era melhor somente porque o psicanalista freudiano não fala nunca, não revela a opinião dele, não comenta nada nem dá conselhos, não sugere nada durante a terapia e, menos ainda impõe mudanças de estado e de amores (deixa esse, pega aquele). Se o paciente insiste, inicia uma amável partida de tênis, devolvendo a bola com presteza (e o que você pensa disso? como interpreta isso?) e deixa o outro ali, incapaz de rebater a bola com sua inútil raquete desprotegida.

Os problemas começaram logo na segunda sessão.

O que posso contar que seja adequado às circunstâncias? Fui salva mais uma vez pelos filmes: com os sonhos, naturalmente. Eu tinha um belo caderninho com uma capa de florzinhas, e colara na primeira página a imagem terna de um quadro de Santa Úrsula, feito por Carpaccio — ela dorme como uma menina, com a mãozinha na face, sem perceber o anjo que logo mais se insinuará no seu sono. Eu começara a anotar nesse caderninho meus sonhos, há alguns anos — e eu os relia agora, eram velhos mas não estavam estragados, e durante algumas sessões me saí bem com aquilo.

Depois, aconteceu um milagre, facilitado com a folha de papel e a caneta que eu mantinha em prontidão sobre a mesinha de cabeceira, como aqueles velhos romanos que invocavam os números bons para ganhar na loteria de San Pasquale e deviam anotá-los rapidamente mal acordavam.

Comecei a sonhar como se deve, com símbolos enormes. Minha mãe usando um espartilho negro voluptuoso era a verdadeira feminilidade que me fora negada (pobre mulher, pensar que detestava e desaconselhava usar lingerie preta, na sua opinião bem pouco higiênica); as escavações arqueológicas em toda a cidade representavam os procedimentos analíticos; o edifício da loja *Rinascente* (atenção ao nome!), que continha no seu interior um lazareto, era sempre a análise, capaz de revelar o temido inconsciente com suas porcarias. Mas o sonho mais lindo, que não compreendi logo, foi o das nozes: eu comera um monte delas e, aliás, as vomitara em seguida, com os seus caroços quase intactos. O professor M., que nesse meio-tempo se tornara um pouco mais loquaz, me perguntou com o que se parecia o interior das nozes. Mas é claro, ao cérebro, cuja parte doente eu eliminava nos nossos encontros.

Aconteceu inclusive minha bela transferência com um relativo ciúme infantil pelas outras meninas tratadas pelo "meu" doutor. Cheguei até a seguir uma delas, bela, elegante, com um bracelete de moedas tilintantes — mas fui obrigada a voltar, desconsolada.

O que não quer dizer que pudesse passar o dia inteiro me divertindo assim. Pelo contrário, nunca trabalhei tanto na vida, no sentido de "ficar cansada".

De manhã eu me precipitava a uma cidadezinha marítima onde era professora suplente — o que significava ter de me levantar em um horário incômodo, tomar o primeiro trem para uma estação secundária, lançando-me muitas vezes sobre um outro trem que já estava para partir. Ou então: levantar sempre em um horário incômodo etc. perder o trem, voar pela via Appia para pedir uma carona — desprezando todos os carros de baixa cilindrada e conseguindo parar os mais potentes, convencendo o motorista a ficar com pena de mim, e chegando enfim triunfantemente à escola, sempre com um acompanhante diverso, antes que a campainha tocasse. Tornei-me exigente e comecei a escolher somente os carros estrangeiros: cheguei até a parar um Porsche prateado cujo proprietário, depois de correr como um danado, me aconselhou paternalmente a esforçar-me para não perder o trem.

Não bastava isso. Eu encontrara um trabalho estranho, para a parte da tarde: escrever vidas de santos para uma enciclopédia religiosa. A estranheza consistia principalmente nisto: como éramos todas mulheres (nossa mão de obra é mais barata) e como a pequena redação se situava em um instituto universitário católico, tínhamos de entrar por uma portinha secreta, no jardim, com muito cuidado para que os aprendizes talibãs não se perturbassem muito com a nossa passagem, pobres almas castas em corpos possuídos pelo demônio.

No domingo, é claro, eu fazia algum modesto passeio pelos arredores e justamente durante um deles pude ter uma ideia mais clara do que era a psicanálise e os seus sacerdotes.

Em um abarrotado mercadinho de aldeia, entre mil pessoas possíveis, quem foi que encontrei? O professor M. em pessoa, se isto quer dizer um homenzinho engraçado, usando sempre aqueles óculos de aro de ouro mas sem camisa, com o nariz queimado de sol, muito diferente de um elfo. No entanto, mesmo sabendo que esses encontros fora do previsto não eram aconselháveis, achei que seria bem-educado aproximar-me dele e cumprimentá-lo. Ficou todo vermelho, até na careca, me enfiou na mão um saquinho de avelãs que acabara de comprar e com um embaraçadíssimo "Bom-dia, senhorita" desapareceu.

Quando voltei à penumbra do seu estúdio, mostrou-se distante. Disse que o que eu fizera fora apenas uma pré-análise, que ele tinha pacientes em demasia para poder acompanhá-los bem, que um colega seu muito competente já estava à minha espera.

Resumindo, me abandonou. Ou, melhor falando, me descarregou.

Não gostei nada do professor N., ao qual fui confiada. Não somente porque se tratava de uma segunda escolha, mas por razões objetivas. Não somente porque se casara com a filha do seu mestre, que se tornara famoso pela invenção de uma máquina de tortura para loucos — o que aos meus olhos tornava-o apenas um cara que dependurava seu chapéu em um prego colocado por outra pessoa — mas principalmente porque era um homem bonito.

Quando veio abrir pessoalmente a porta — uma pequena astúcia daquele tipo de médico para fazer a gente se sentir à vontade, esperada —, achei que havia me enganado de andar e que acabara por entrar no consultório dentário vizinho. Alto, louro, com um sorriso animador, era o perfeito retrato publicitário de um dentista. E a um dentista, apesar de todo o respeito que merecem esses inevitáveis trabalhadores, eu deveria contar as coisas da minha vida?

Nada a fazer — transferência negativa.

Tentamos prosseguir, trabalhando demais sobre isso. Mas os sonhos não me vinham, e eu passava à atuação de todas as estratégias masoquistas que eles chamam de "resistências": chegava atrasada, uma vez atrasei mesmo três quartos de hora, sabendo que a sessão infalivelmente terminaria aos cinquenta minutos; cheguei a dormir no divã...

No final, ele também compreendeu e me disse então a única coisa útil: "Se deixar a análise, lembre-se de que não voltará ao ponto de partida, mas terá atingido um degrau mais alto."

Um dia senti-me mal no seu consultório — eu tremia de febre, sentia uma dor agudíssima na coluna, do lado esquerdo. O professor N. me acompanhou, muito humanamente, até minha casa, mas não pôde impedir-se de dizer a frase que o fez desmoronar, aos meus olhos: "Reparou onde está sentindo tanta dor? Pertíssimo do coração, a sede dos afetos."

Foi assim que eu o abandonei. Ou, melhor, o descarreguei, deixando ainda um pequeno débito em aberto.

Era a primeira vez que eu agia assim, tanto em um caso como em outro.

No olho do furacão

Estamos em pleno outono, agora.

A chuva cai em agulhas fininhas, demonstrando ainda uma vez o quanto a prata pode ser mais elegante do que o ouro.

Goethe escrevia que aquele que não sabe mais maravilhar-se com a mudança das estações é um homem acabado.

Finalmente estamos todos em pleno outono, uma estação poética para os livros elementares: chuva, últimas folhas secas que não sabemos como se sustentam ainda agarradas às suas árvores, crianças encolhidas depois que acordaram com dificuldade, depois do primeiro entusiasmo pelos cadernos e livros novos. Desapareceram a maravilha dourada do início da estação, as uvas multicoloridas, os últimos figos, as primeiras castanhas. Minha senhora, não há mais meias-estações!

Mas no fundo somente eu posso gostar da chuva, por trás de um vidro, sem pensar em ter de renovar sapatos, chapéus, jornadas.

• • •

Cesarina Vighy

Escrevi, vomitei um pouco de nozes, e esta atividade libertadora me esgotou, mas também privou-me a ter de me olhar no espelho hoje. Onde eu não teria visto nada de bonito: os cabelos crescendo brancos e selvagens, e principalmente uma boca um tanto torta (por favor, vocês aí, da família, não continuem a negar isto) que se esforça, se esforça a emitir sons inteligíveis, tal como parece a nós que fazem os peixes dentro de uma bola de vidro.

No entanto, justamente nesta estação de névoa e de umidade envolvente, há muitos anos voltei para Veneza, para curar uma pneumonia que fora pitorescamente diagnosticada pelo segundo e definitivo psicanalista.

Milagres dos ares nativos; mesmo respirando aquelas partículas sutis pude curar-me depressa e completamente. Apaixonei-me novamente pela minha infiel cidade e comecei a fazer projetos para o futuro.

Por que não recomeçar exatamente ali, sem fugir mais? Por que não se pode ser livre e ter amigos, sem ter mais de partir?

Uma antiga companheira de escola estava para deixar seu pequeno e belo apartamento — mesmo ali debaixo do campanário, debruçado sobre o jardim de uma igreja, coisa rara naquela cidade.

Falei disso em casa, com um entusiasmo cauteloso: meu pai, cujo supremo critério era sempre a dúvida, ficou hesitante. Minha mãe cuidou logo de jogar-me na cara o costumeiro balde de água gelada: "Prefiro que estejas a seiscentos quilômetros de distância do que aqui perto mas não na nossa casa." O respeito humano pelo "o que as pessoas dirão?" havia vencido, mas ela me perdera. A ferida que poderia ainda ser curada, agora se tornava incurável. Depois de alguns dias parti novamente, desta vez para voltar apenas em visitas breves, como se eu fosse um parente distante.

Agora todo mundo já sabe, por meio dos jornalistas, que estar no olho do furacão significa estar no lugar mais tranquilo que há,

O ÚLTIMO VERÃO

o lugar onde podemos nos refugiar em caso de uma catástrofe natural ou metafórica. Assim foram transcorrendo, mergulhados naquele bendito olho, os terríveis anos de chumbo, enquanto esperávamos que passassem logo, quase habituados aos disparos, aos atentados, ao cotidiano derramamento de sangue. Aqueles realmente acabaram sendo, para alguns, os anos mais calmos, mais serenos, mais normais. A minha geração, que ainda na infância fora atingida pela guerra e que já havia saído da escola enquanto fervia a contestação juvenil, não reparou realmente naqueles anos. Sentíamos que já havíamos feito a nossa contestação particular, solitária, e dela ainda exibíamos suas marcas, mais persistentes do que as que teríamos de pauladas.

Certamente, no ano de 1968, eu também tive vontade de aderir a uma causa, para conquistar uma pertença, sentir-me em companhia: recebera minhas alegres cacetadas participando de manifestações, sempre com minha saia na altura do joelho, os meus brincos moderados mas de ouro bom e o meu batom.

Havia algo, porém, que me atraía muito, porque eu sentia que chegara o tempo de desenvolver um germe que existira sempre dentro de mim: o do feminismo.

Comecei da maneira mais fácil, fazendo um curso de dramaturgia que valorizava o ponto de vista feminino. Tive um pequeno sucesso escrevendo uma peça em um ato, que foi encenada. Mas eu sentia perfeitamente que não era uma pessoa simpática, que não era aceita pelas minhas companheiras — por quê? Tentei rememorar tudo o que eu havia feito ou dito, ou omitido e calado. Eu tentara ser sempre amável, procurando nos trabalhos delas a palavra diferente, o novo lampejo aceitável, e deixando passar suas velhacarias que me sufocavam. Costurava a boca para me impedir de notar os erros de nomes, tempos e lugares em que incorria frequentemente até mesmo a nossa professora, que vivia envolta em uma veneração trepidante por causa dos seus célebres amores.

No final das contas, pensei ter descoberto qual era o buraco negro: o meu modo de vestir, com a saia pelo joelho, os brincos moderados mas de bom ouro e o batom.

Naquela época, muito mais do que hoje, as pessoas se julgavam pelo vestir e pelo produzir-se. O fascista preferia o preto e tosava os cabelos rigorosamente à moda nazista, e ao comunista nem sequer ocorria exibir o lenço vermelho, bastava o gorro de pele, e quando o sol não se mostrava, certo tipo de malha fina. Para as moças, eram de rigor os tamancões, a saia longa florida e os argolões enormes (e falsos) nas orelhas. Havia tantas tribos, e não era fácil distinguir entre elas, mas todas tinham os seus estudiosos e os seus exegetas.

Decidi sacrificar a minha biodiversidade e me enfiei pelos becos onde vendiam aquele tipo de coisas. Tive sorte, pois a vendedora a quem confiei o meu problema compreendeu-o rapidamente e mudou o meu visual. A saia florida me agradou, mas os tamancões me faziam sofrer muito; quase chorei quando tive de mudar minhas joias; nunca, em toda a vida, eu usara uma bijuteria, uma pérola falsa, e as minhas belas joias antigas repousavam em uma caixa que eu de vez em quando abria, babando vergonhosamente ao vê-las.

Foi isso que me fez tomar outra decisão. Recolhi as coisas escolhidas, coloquei-as sobre o balcão, remexi em outra coisa qualquer e fugi depressa.

Por que, afinal, eu deveria renunciar à minha identidade? Para agradar àquelas macaquinhas que sabia serem menos autênticas do que eu?

Segunda tentativa. Criei coragem uma noite e resolvi ir ao antro mais temido, um famoso "coletivo" que se reunia na via Pompeo Magno. No portão já se podia ouvir o vozerio — mas não eram cochichos, risos ou discussões. À medida que eu subia comecei a perceber que se tratava de uma briga, ou melhor, de um processo litigioso. Na verdade, era um processo de lesa-majestade.

O ÚLTIMO VERÃO

Eis os fatos: na véspera, 8 de março, durante uma tumultuada celebração do Dia da Mulher, uma linguaruda militante ousara discutir as disposições feitas pela líder etérea, elegante e intelectual que seduzia e dominava todas elas. A mal-educada chegara a gritar: "A rainha está nua!" E depois, tomada de um furor todo pessoal, chegara mesmo a tocar no seu santo corpo, dando-lhe uma bofetada. Escândalo, punição, condenação.

E eu, que viera em busca de fraternidade, ou ao menos de igualdade! Só me restava a liberdade — a liberdade de dar a volta nos meus saltinhos habituais e precipitar-me na rua. Ali, na escuridão, os cavalos da carreta que conduziria à guilhotina já pateavam, impacientes.

Terceira e última tentativa. Li sobre um encontro lúdico que se realizaria em um daqueles pontões flutuantes do rio Tibre, feitos para dar a mísera ilusão do mar aos que não gostam de se banhar.

Pressinto uma certa ebulição ao ver as margens do rio tomadas por machos chauvinistas. Convertidos? Não. Arrependidos? Menos ainda. Divertidos, antes, e excitados pelo espetáculo totalmente novo.

Um mar, melhor, um rio de tetas desnudas para a ocasião e que fingiam tomar sol. Tetas apenas esboçadas, como ameixas, tetas de maçã azeda, tetas de pera madura, tetas de banana passada. O catálogo completo de um setor hortifrutícola dos Mercados Gerais estava ali, exibindo-se diante daqueles olhares veementes, desafiadores.

Eu, que há pouco tempo havia me libertado da obrigação imposta por minha mãe de usar a camiseta da saúde, dei volta nas sandálias e fugi.

Dizem que se nasce incendiário e se morre bombeiro. Comigo aconteceu o contrário — agora eu incendiaria tudo.

• • •

Cesarina Vighy

Abrigada no olho do furacão, passei os anos de chumbo. Casei-me, tive uma filha, espalhei folhetos defendendo o aborto. Com o que eu acreditava ter pagado, compensado meus erros. Na verdade fui uma esposa medíocre, de carne fria, e principalmente uma mãe omissa. As más filhas tornam-se mães ruins porque querem agir ao contrário de tudo o que receberam e acabam errando duplamente. Enviei minha filha a uma escola muito restrita, que praticava um tipo de esnobismo ao contrário; situada em um local desolador, perto de uma fábrica que produzia veneno para ratos, todo o seu "espírito de 1968" consistia em refutar firmemente as tabelinhas. Nunca falei de Deus e de religião com minha filha. O resultado é que ela confundia — e confunde até hoje — Moisés com Noé. Resumindo, deixei-a crescer como um cavalinho selvagem, convencida de que a natureza lhe teria ensinado o caminho. E, em vez disso, a natureza, maligna e madrasta como é, o que fez foi deslocar continuamente os sinais do seu caminho, confundindo-a e tornando-a medrosa.

Mas não quero falar da minha filha. Está viva, é sadia, se sairá bem. Em compensação os meus fantasmas, que para mim são a única possibilidade de voltar um pouco a viver, me esperam e exigem um pequeno auto de fé.

Somente um pouco de paciência, uma pequena pausa — façamos um pequeno intervalo.

O que pode espantar, nestas recordações, é que uma pessoa como eu, que não está exclusivamente interessada no próprio umbigo, possa ter vivido como uma sonâmbula um período tão movimentado e tão trágico, quinze bons anos.

Gostaria de lembrar que durante o cerco de Madri as pessoas iam normalmente ao cinema e que, quando a tensão é demasiada, uma espécie de anestesia natural desenvolve-se dentro de nós em uma dose equivalente.

Além disso, naquele tempo a divisão em tribos era muito marcada: existiam os jovens e os menos jovens, os comunistas e os fascistas. Tribos endogâmicas, fechadas, em cujas portas era inútil que batessem os que não pertenciam a elas. Para os rapazes eu não era suficientemente rebelde. Para os adultos eu era muito pouco burguesa. Para os comunistas era demasiado crítica, e quanto aos fascistas eu é que fazia questão de não ultrapassar nunca o seu umbral. Para os que sonhavam com a poesia não havia lugar em parte alguma.

Liquidei até mesmo a minha nova família um pouco depressa demais.

Todo casamento é um mistério, gozoso ou doloroso (nunca glorioso), conhecido somente pelos dois cônjuges: mistério que nós, em vez, continuamos a ignorar.

Tínhamos tudo contra nós. Embora eu me sentisse atraída sempre, por causa do meu complexo de Édipo, por homens-feitos, e até desfeitos, convencida de que tinham muito a me ensinar, casei-me com um rapaz sete anos mais jovem do que eu, de família simples e que não tinha vontade nenhuma de compreender o meu mundo e muito menos ainda de nele entrar. Quanto à família simples, ela me detestava como se eu fosse uma velha devassa que me apossava do seu filho caçula para usá-lo e depois jogá-lo fora. Todos nos davam no máximo dois anos para que chegássemos ao divórcio. Em vez disso, estamos ainda aqui, juntos, após quarenta anos. Milagre? Não creio em milagres. É mais porque além da estima, do afeto, do amor, cria-se frequentemente um laço inextricável, uma simbiose, entre as necessidades obscuras que procuram, e às vezes encontram, um alívio, uma compensação nas do outro. Agora sei o que eu procurava. Um álibi.

Um álibi que justificasse o meu escasso sucesso, o negar-me a criatividade, a boa frequentação das pessoas, as amizades, as novidades. Encontrei esse álibi facilmente no ciúme dele; um ciúme pesado, doentio, de siciliano, que me atava de mãos e pés e que eu aceitava porque me libertava da obrigação de reconhecer o medo de não conseguir, de ser julgada, a raiz do xeque-mate que eu queria assegurar antes mesmo de começar a partida.

E, no entanto, eis-nos aqui: eu muitíssimo doente, e ele, o anjo cuidadoso, solerte como uma mãe que adivinha os desejos do seu filho antes mesmo que ele os exprima. Eis-nos aqui depois de tantos anos de tranquilidade, que se poderiam chamar de anos felizes se soubéssemos, ao menos, enquanto os vivíamos, que aquilo era a felicidade.

Há alguns dias e noites, perco facilmente a respiração, tenho a impressão de que vou sufocar, fico imaginando o que se sente quando se está afogando.

O meu sapientíssimo médico (um professor com muitos anos de estudo, artigos em revistas internacionais, congressos importantes), me disse, muito sério: "Experimente colocar um travesseiro a mais na cama."

Um copo de quinoto com gelo

A noite de Santa Luzia é a mais comprida que existe.

Antes fosse. Se a astronomia popular coincidisse com o verdadeiro solstício de inverno, amanhã eu já teria um minuto a menos para esperar do relógio luminoso, um minuto a menos de tortura. Já é alguma coisa ter certeza de que estas pequenas subtrações à escuridão vão pouco a pouco aumentando.

A Inquisição, que era sábia, condenava os fiéis a tantos glórias, ave-marias e pai-nossos, segundo as culpas que queria fazê-los confessar: não eram orações, mas apertões, com cordas, que duravam o tempo necessário para dizê-las. Fiz um cálculo por alto: em um minuto se pode rezar decentemente duas ave-marias. Nada mal.

Uma bela santa, Santa Luzia, que trazia presentes para as crianças ainda crédulas; bela santa com um pratinho onde estavam, feito ovos em uma frigideira, os olhos que os malvados pagãos te haviam arrancado, sê bondosa comigo e poupa-me a visita da Insônia com seus dois filhos, os cruéis gêmeos Cãibra e Espasmo.

Eu os conheço bem: chegam depois das três horas, quando já pacificaram facilmente os noviços, os adventícios destas lutas. Como todos os sádicos, preferem os sabidos, a aristocracia dos insones que os espera quase desafiando-os, embora saiba que perderá sempre.

Para os principiantes basta a Acidose, sua irmã solteirona e feia, que os fará se contorcerem na cama, com o estômago em fogo.

Esperando por eles, só nos resta nos torturarmos sozinhos.

Naquele ano, eu não invocava a santa que traz os olhos em um prato — então, eu dormia bem. Apesar dos motivos que havia para ficar acordada.

Abril de 1978, em pleno caso Moro: notícias, desmentidos, alarmes, buscas com os soldados e com o pêndulo, magos mais ouvidos do que os políticos, um céu permanentemente cinzento, indigno de Roma mas muito de acordo com a cenografia do drama que se desenrolava, uma atmosfera de espera, antes do temporal.

Os acontecimentos da vida particular fazem descorar até os eventos públicos mais importantes, relegando-os para o fundo, para os bastidores.

Os telefonemas de minha mãe eram frequentes, pois meu pai estava muito mal e o haviam levado para o hospital, ela não aguentava mais, era preciso que eu fosse ajudá-la. Materializava-se assim o que todos os filhos temem e ninguém ousa dizer: a morte provável de um genitor justamente quando se está na iminência de um trabalho, um compromisso, uma viagem. É o momento em que descobrimos que nosso coração está dividido em tantos pedaços, ou melhor, está distraído, incapaz de seguir um único sentimento sem hesitar — somente no *amour fou* isto sucede, e não é por nada que se chama justamente *amour fou*, amor louco.

Estávamos preparando, eu e a menina, nossa partida para a Suécia, onde o marido e pai estava trabalhando, havia algum tempo. Como desistir disso? Uma novidade, aquela viagem pela qual eu tanto esperava. Comecei a contar-me as mentiras costumeiras — por certo minha mãe exagerava, papai já estivera assim outras vezes; além disso, amável como era, certamente me esperaria.

Parti. E, no entanto, eu amava meu pai talvez mais do que qualquer outra pessoa no mundo. Também daquela maneira supersticiosa e infantil que nos faz pensar, diante de um semáforo verde: "Se eu conseguir passar por ele antes que fique vermelho, meu pai não morrerá." E eu corria, corria como uma louca, vencendo sempre. Tive sorte, injustamente: aquela viagem teria sido outro semáforo verde. O último.

Encontrei papai na caminha do hospital, perto do trio fiel que permaneceria com ele até o fim: oxigênio, seringa e cateter. Não podia falar, mas certamente me reconhecia, em alguns momentos. Era eu que não reconhecia naquela figura magra e frágil o homem brilhante, espirituoso e culto, estimado e amado por todos.

Eu e minha mãe nos revezávamos ao seu lado — ela de dia e eu de noite, muitas vezes prolongando o meu período pelo dia também. Aliás, de noite havia bem pouca coisa para se fazer — às nove passava uma enfermeira que presenteava a todos, pacientes e acompanhantes, com uma benéfica pequena pastilha que nos fazia dormir até de manhã, quando a desapiedada regra dos turnos antepunha a lavagem do chão a qualquer alívio dos pacientes, a qualquer mediação dos médicos, a qualquer ordem dos chefes.

Passei ali um período bastante longo, quase sereno. A certeza do final libertador atenuava a ansiedade, a presença quase que contínua diluía o sentimento de culpa em doses homeopáticas, inócuas.

• • •

Cesarina Vighy

O hospital de Veneza é belíssimo para os amantes das coisas de arte, e um pouco menos para os doentes indigentes.

Os salões escuros de ogivas altíssimas, tão sugestivas, não são ideais para quem tem de permanecer deitado ali, em uma promiscuidade desagradável e superpovoada. O biombo colocado ao redor de cada leito não basta para bloquear o medo que, por meio desse sinal pouco misterioso, se propaga nas enfermarias. É até muito melhor ver no dia seguinte o colchão enrolado no qual uma vida se consumira, pronto, depois da desinfecção, a acolher uma outra vida, diferente mas muito similar.

Pelo menos essas humilhações foram poupadas a meu pai — mas talvez ele nem se daria conta delas.

Estava em um cômodo novo, na parte de trás do edifício, onde podia se permitir um quarto particular para nós dois. As janelas davam para a laguna, bem defronte ao cemitério. Uma vista que não era agradável para qualquer supersticioso: mas sem motivo, porque aquela ilha exclusiva dos mortos, dedicada a San Michele e única em todo o mundo, prometia uma paz elitista.

Quando eu chegava, atravessava a parte antiga, onde os confrades da rica Scuola Grande di San Marco haviam deixado tantos mármores, inscrições, pórticos. Depois, parava um pouco no jardim para tagarelar com os gatos, belos gatões de hospital, alimentados diretamente da mesa dos funcionários. Aqueles breves colóquios me alentavam, me faziam passar mais facilmente para a outra face da lua, me preparavam para aquelas outras conversas, igualmente mudas, que eu manteria com meu pai.

Se chegasse na hora das refeições sempre me ofereciam comida e eu, limitada entre a cozinha monocórdia de minha mãe e o que eu própria podia modestamente preparar com minhas mãos, aceitava sempre, agradecida. Foi ali que pela primeira vez provei quinoto, servido em um copo cheio de gelo triturado — delicioso.

O ÚLTIMO VERÃO

Minha mãe me dissera que papai, com as poucas forças que lhe sobravam, havia feito com os dedos o gesto de disparar um revólver na sua fronte: a melancolia e a consciência de sua própria degradação haviam se apossado daquele homem tão terno, e que no entanto era impelido a um impulso violento, que só poderia ser realizado com uma arma de difícil manuseio.

Da profundeza da minha memória emergiam os seus impulsos de bondade e de cortesia.

Um homem que escolhia para acariciar, entre os recém-nascidos carregados pelas mães, os mais feinhos, de olhinhos estrábicos ou com a carinha devorada pelos mosquitos.

Quando eu cursava o primeiro ano de ensino médio, uma daquelas doenças costumeiras das crianças, nada grave mas difícil de passar, me havia causado dificuldades nas lições de latim, quando voltei para a escola. E então ele vinha todas as manhãs me despertar, com as minhas calcinhas enfiadas na cabeça como se fosse um barrete frígio, e com uma imaginária flauta de pastorzinho antigo encostada nos lábios, modulando (como deixar de rir e de aprender a cantilena?): "*Hic, haec, hoc, huius, huius, huius, huic, huic, huic...*"

Conseguia assim ser pedagógico sem jamais entediar, e o seu método espontâneo devia ser eficaz, pois me presenteou para sempre com a única riqueza que posso desfrutar até hoje: a curiosidade, o amor pelos poetas, os narradores, a beleza.

Quando eu estava distante, ele recortava nos jornais todos os artigos que podiam me interessar e fazia seguir pelo trem noturno aqueles envelopes inchados, sentindo-se assim, da estação, um pouco mais perto. Somente agora, que não tenho mais isso, compreendo o quanto ele deveria sofrer com o meu afastamento, e se recordo aqueles grandes envelopes amarelos em que metia não somente papéis pintados, mas toda a sua ternura delicada, que eu frequentemente deixava intactos, é somente agora que o meu coração fica amargo, muito amargo.

Era um homem justo.

Era um homem tolerante.

Era socialista por inclinação natural, o que não o impedia de repetir para si próprio as palavras desconsoladas do príncipe de Salina: "Enquanto há morte, há esperança."

Era agnóstico, filho de mãe religiosíssima — os muitos livros sobre a fé da sua biblioteca eram um testemunho e uma justificação, talvez, de ter escolhido as luzes cruas da razão ao invés da sombria segurança materna.

Dizia-me, com frequência: "Se eu morrer em primeiro lugar, como é natural por causa da minha idade, podes me enterrar segundo o desejo de tua mãe, faça a vontade dela; mas se por acaso eu morrer depois, lembra que desejo ter um funeral leigo, te suplico."

Ele acreditava que devemos nos preocupar com os homens, antes de nos preocuparmos com Deus

Quando chegou a hora, cumpri o que pude, com um toque pessoal. A cerimônia foi realizada na Igreja de San Giovanni e Paolo, a arca das glórias venezianas, mas fui antes falar com o sacerdote para explicar com honestidade como meu pai pensava, pedindo o favor de não dizer que tinha sido "um bom cristão" e associando-o assim a uma comunidade da qual não se sentia parte integrante.

A grande igreja estava cheia de gente, de qualquer maneira, o que prova que é possível sermos irmãos mesmo que não seja em Cristo.

Um pouco antes, quando chegara o caixão sóbrio e liso que eu escolhera na véspera, reparei que uma coisa lhe havia sido acrescentada — uma cruz dourada. Pedi ao chefe da cerimônia fúnebre que

O ÚLTIMO VERÃO

a retirasse e ele o fez solicitamente, usando um pequeno canivete que levava sempre no bolso.

Minha mãe, que vira essa cena, não disse nada e fez deslizar para o bolso de papai um coelhinho de pelúcia, um símbolo mais modesto mas mais sentimental.

Acompanhamos meu pai até a ilha dos mortos; o seu túmulo, certamente por uma coincidência, mas que nos pareceu ser uma homenagem à sua tímida galanteria, era rodeado, quase cercado somente por mulheres mortas.

Notei que minha mãe fizera juntar ao nome e ao sobrenome de meu pai o título de advogado. Achei deselegante, isso, mas meu pai, com toda a sua ironia pungente, se estivesse ali teria sorrido indulgentemente por causa daquela pequena e ingênua vaidade.

Sit tibi terra levis ("Que a terra te seja leve")

Chegam os enfermeiros

Minha mãe passou sozinha mais dez anos em Veneza. Não creio que estivesse mal, lá: tinha uma amiga, a única, velhíssima e boníssima secretária de meu pai, que podia afetuosamente exercer certa tirania.

Mas me telefonava todas as noites, sem falta, listando os males do seu dia, minuto a minuto, seguidos pela recomendação para que eu achasse uma casa para ela em Roma e possivelmente para que morássemos os quatro da família todos juntos, uma perspectiva que me deixava arrepiada. Depois, quando começou a desprezar cada proposta que lhe fazíamos, compreendemos que a sua busca se assemelhava à do personagem de histórias infantis, Bertoldo, a quem coube procurar a árvore certa na qual ser enforcado, para não acabar como o astuto camponês, cuja escolha acabou recaindo sobre um pé rasteiro de morangos.

Eu havia finalmente descoberto o tipo de trabalho adequado para mim, o da biblioteca. Especializei-me logo em pesquisas estranhas, em leitores esquisitos que fugiam espantados quando percebiam como eu me interessava pelo seu assunto, que logo se tornava meu. Ali na biblioteca, naquele antigo edifício que sozinho satisfaz toda a minha necessidade de beleza, passei os melhores anos da minha vida.

Depois, lá veio a tijolada, imprevista como todas as tijoladas.

Por motivos legais minha mãe devia sair da casa onde vivia. Portanto, sua chegada era iminente.

Com a maior pressa escolhemos a primeira plantinha de morangos que veio a calhar, semelhante, tanto quanto possível, a um robusto carvalho.

Começaram assim para mim outros dez anos, mas de vacas magras.

Autoritária, chata e encrenqueira, mas também sábia, resoluta e positiva: não havia um só aspecto daquela personalidade que combinasse com a minha. Decidi abandonar qualquer tentativa de reaproximação sentimental e limitar-me estritamente a seguir as diretivas que ela me dava.

Eu ia vê-la diariamente. Antes de tocar a campainha olhava para o relógio para reassegurar-me de que ficaria lá ao menos uma hora, animando uma conversação qualquer que pudesse interessá-la.

Eu fazia grandes caminhadas para procurar o jornal da sua cidade, onde poderia ler a lista dos recém-falecidos, possivelmente (ó que alegria!) seus conhecidos.

Não havia nada a fazer. Com uma perspicácia notável, dizia: "Sim, você faz as compras, vai a todos os lugares necessários e paga as minhas contas, mas faz tudo somente por dever de filha. Enquanto a sua filha, que não me ajuda em nada, quando me abraça, sinto que me quer bem."

É uma história tediosa, sei bem, a habitual cadeia infinita dos ressentimentos entre mãe e filha, mas é com essas histórias tediosas, comuns, que se aprende mais: tudo o que vem depois (pacificação final, rancores inextinguíveis, vingança póstuma, até o crime) estaria escrito ali. A única coisa é que não são nada apaixonantes os pequenos acontecimentos que se desenrolam entre a cozinha e o quarto de dormir, entre remédios de validade vencida e compras

O ÚLTIMO VERÃO

erradas, televisores de volume alto demais e protestos de vizinhos. Parecem demasiado com a vida verdadeira.

Mas eis que intervém o deus ex-máquina, para movimentar a cena.

Uma tarde, mamãe não responde aos meus chamados telefônicos. Despreocupada, adio a visita obrigatória, que já se tornara parecida com a chancela policial para quem está em liberdade condicional. Atrasada, chego à sua porta e toco a campainha. Nada. Depois de muitos toques, finalmente ela responde com um tom alegre, quase de moleque: "Espera, já estou indo." Não sei por que tenho o hábito de escolher entre todas as explicações a mais extravagante e, assim, ouvindo aquela nova entonação, penso uma coisa que é impensável em relação a uma senhora já muito idosa, escrupulosa, e que sempre menosprezou um pouco os homens: um encontro amoroso. Sento em um dos degraus da escada e espero educadamente que terminem com aquilo. Felizmente chega minha filha, um pouco mais realista do que eu, e acaba por romper o encantamento erótico chamando os bombeiros e uma ambulância.

Encontramos minha mãe caída no chão, com a cabeça e os ombros enfiados debaixo do aparador, e a casa toda cheia de gás, pois a cafeteira, quando parou de ferver, apagou o fogo. Ora, não é que o gás de cozinha seja tóxico, mas ficar inalando-o durante horas não é absolutamente um bálsamo para as amígdalas inflamadas. Coisa que compreendo logo, no hospital, quando ela está assistindo a uma série na TV com uma policial gorda que dorme enquanto vigia uma detenta doente e pergunta o que aconteceu porque não se recorda de absolutamente nada.

Quando lhe dão alta, não podemos simplesmente devolvê-la à sua casa, onde vive sozinha, nem conseguimos encontrar ninguém que lhe faça companhia e que, principalmente, lhe pareça aceitável.

Cesarina Vighy

É preciso concordar que muitas vezes os velhos têm razão quando sentem uma repugnância instintiva por "um estranho na casa". Na maioria das vezes é uma criatura tão doente como eles próprios, mas doente de nostalgia, e que passa o dia, quando não se pode permitir o telefonema que restabeleceria seu equilíbrio, segurando o controle da TV, com os olhos fixos na tela, perdidos em sonhos.

Seria até melhor, pensava eu, ter algum verdadeiro aproveitador de senhoras solitárias que, com aspirações mais altas (um pequeno legado, as joias, a casa), como autênticos profissionais, criam em torno de si um clima que pode passar por verdadeira afetividade, dirigida aos que não a recebem mais de ninguém, há muito tempo.

No final, resolvemos trazer para nossa casa aquele pobre fantasma esvaziado, mas não inócuo.

Como todos os velhos, minha mãe também se tornara desconfiada e temerosa de tudo; à desconfiança natural, campesina, juntara outra, dirigida contra nós. Tinha um tesouro: um anel de brilhantes que costumava esconder nas gavetas mais comuns, entre as camisolas, ou então costurado debaixo da gola de algum casaco, lugares bem conhecidos por mim.

Um dia, não encontra mais o seu tesouro. Mas em vez de começar a gritar, como Harpagão, começa a nos examinar, espiar; de vez em quando solta frases obscuras, alusivas aos receptadores de Veneza, onde meu marido esteve, há pouco tempo — é claro que suspeita de nós.

A essas trompas, respondemos com os nossos sinos...

Ela fica triste e passa o dia todo naquela mesma janela da qual eu agora contemplo o passar das estações, baseando-me nos meus amigos pássaros. Mas ela não se importa nem um pouco com os pássaros; preferiria um vaivém de gente barulhenta, incidentes ao semáforo, a sirene da ambulância, prelúdios para um pouco de emoção viva.

O ÚLTIMO VERÃO

Enquanto isso, tenta tornar-se útil tirando a mesa, seja pelo seu antigo hábito de ordem e trabalho, seja para nos pagar pela nossa caridade peluda. Mas aquele senta e levanta irrita meu marido, que gostaria de poder ver televisão em paz, com todos os outros calados. Então, de certo dia em diante, ele pega o seu prato e vai comer em outro cômodo, ostentando sua raiva.

Torno-me assim a guardiã de minha mãe e vou dormir em um quarto colado ao dela, esforçando-me para captar todas as suas necessidades. Ela tem muitas — o que me faz ter de me levantar várias vezes durante a noite, cada vez mais exasperada.

É assim que nas famílias nos tornamos prisioneiros uns dos outros, amarrados em uma rede robustíssima que não se sabe nunca se é feita de amor ou ódio.

Certo dia mamãe deixa de comer. Recusa até o pudim, os sorvetes, sua paixão infantil. Começa a chorar, a lamentar-se (como eu, como eu faço, agora), mas os seus não são gemidos normais, sufocados, antes gritos, urros que se tornam cada vez mais fortes e metem medo, e não unicamente piedade.

Uma maldita noite me chama pela centésima vez — não anda mais, não se mantém em pé, quer ir ao banheiro, mas eu não aguento o seu peso, ainda que esteja reduzida ao tamanho de um passarinho depenado; então eu a arrasto pelo chão, esperando que quebre a cabeça no mármore, como se fosse uma noz. Quando ela se lamenta (ela é limpa, ela não se suja nunca) respondo esfregando-lhe um dos seus panos fedidos no rosto.

Se Deus existe, espero que naquele momento estivesse com o olhar voltado para qualquer outro lugar.

Em outra maldita noite, meu marido, esgotado, temendo que os vizinhos ouçam aquele barulho infernal, se impõe. Pede-me um cigarro (há seis anos não fuma, e daquele momento em diante nunca mais conseguirá manter o controle), e me expõe o seu plano.

Estamos ali, escondidos no escuro, fumando juntos — como dois conspiradores.

"Estive em um orfanato quando era pequena, não quero morrer em um hospital." Sua tomada de posição era lúcida e inquebrantável.

Seria preciso agir com astúcia e rapidez. Vamos dizer que ela sofreu uma queda.

Chamados por nós, chegam os enfermeiros. Grandes e gordos, um tanto bovinos, mas nem por isso piores do que os outros, nós, por exemplo. Eles carregam e descarregam corpos como se fossem cabritos ou melancias no Mercado Central — é o seu trabalho.

Chegamos em sua companhia ao grande hospital onde nos dizem: "É preciso trazer o papel higiênico, mas temos instalações que seriam invejadas até na América. Temos até o professor que extraiu a próstata do papa."

Minha mãe, que não tem próstata, é enfiada em uma daquelas velhas enfermarias com vinte, trinta doentes. Ali poderá gritar o quanto queira, encontrará até eco.

E grita, grita durante horas o meu nome, até que eu chegue, acolhida pelos aplausos das outras internas.

Mas não pode ficar ali, é claro, mesmo porque não conseguem descobrir nela nenhuma doença — o que significa que ela as tem todas, misturadas.

Finalmente descobrimos uma pequena clínica particular, vizinha da nossa casa — uma pequena vila elegante mas um pouco suja no interior, e onde doutorzinhos recém-diplomados fazem o que podem pelos velhinhos enfiados em cada cômodo — todos governados com mão de ferro por uma bonitona que permanece meio deitada sobre a sua escrivaninha.

O ÚLTIMO VERÃO

Não maltratam minha mãe — até fazem uma trança com seus raros cabelos brancos, conseguindo inclusive enfiá-la em um macacão que ela odeia ("é de homem"), e a levam, inerte, a uma lúgubre festinha de Natal que haviam organizado.

Para sorte sua, ela morre no dia seguinte.

Nós a vemos já arrumada e limpa, recomposta por mãos mais piedosas do que as nossas, as das empregadas de cor. Podemos ter a ilusão de que conseguimos saldar nosso débito para com ela encontrando um lugar na ilha veneziana dos mortos, para a qual ela sempre quis retornar, terra tornada terra, pó tornado pó.

Finalmente em casa, cansados, friorentos por causa da viagem. Procuro um robe para esquentar-me e encontro o seu bem à mão — é feio, mas é de lã. Sempre caçoávamos dele. Eu o visto, sem saber ainda que com esse gesto mágico dou início a uma longa viagem na sua direção, identificando-me com ela.

É a primeira noite que me deito sossegada — não sei ainda que estou para iniciar um período de épica insônia.

Neurologia, ninfa gentil

Os neurologistas que conheci foram sete. Um por vez, naturalmente. Não todos juntos, tais como os anões quando se apresentaram a Branca de Neve. Mas eram sem dúvida sete.

Mal senti um ligeira dificuldade da língua, reforçada por duas ou três quedas que me deixaram estendida no asfalto da rua sem um motivo que impedisse o riso dos passantes, pensei logo: "Preciso de um neurologista." No entanto, eu não tinha nenhuma familiaridade e nem confiança nos especialistas: o meu médico ideal era um certo veterinário, que costumava compreender, ou não compreender, sem desperdiçar palavras; mas ele, sensato, não me quis ter entre seus pacientes.

Comecei então pelo grau zero da minha procura, isto é, pela Previdência Social.

O dia da consulta parecia ser algum dia especial, de tanta alegria barulhenta que se exalava dos escritórios, atingia as escadarias, penetrava nos laboratórios de análises e nos consultórios dos médicos, contagiando até mesmo os pacientes sofredores e usuários do sistema.

Muito tempo depois, vim a saber que se festejava então o aniversário de um chefe odiado, que a compulsória obrigara naquele dia a voltar para casa para continuar pelo resto da vida a torturar somente a sua esposa.

Ainda muito mais tarde fiquei também sabendo que os empregados, excitados talvez pelos refrescos e salgadinhos ressequidos que lhes haviam sido oferecidos de má vontade pelo novo titular, e certamente pela alegria dionisíaca, haviam realizado uma brincadeira de escolares, trocando as plaquinhas das portas dos doutores — assim, o meu neurologista poderia bem ser um urologista, um andrologista, ou, por que não, até um podólogo — suspeitei deste último que tentou se disfarçar até que, aprendendo aqueles joguinhos seus, o do dedo que se devia seguir com o olhar, os passos que se deviam dar com os olhos fechados, a linha traçada sob a planta dos pés, consegui reconhecer-lhe o título a que tinha direito. Liquidou meu caso com um calmante suave, classificando-me mentalmente como a habitual hipocondríaca que certamente se aproveita do sistema nacional de saúde.

Enquanto isso, eu continuava a levar tombos, em casa e fora dela, com saltos altos e saltos baixos, com botas e com sapatilhas, com sandálias e chinelos. Era muita coisa para eu continuar com os calmantes leves. Finalmente ficou decidido que me autorizariam a fazer uma tomografia computorizada e uma ressonância magnética, confiando astutamente na lentidão dos procedimentos, que me manteriam distante pelo menos por seis meses.

Mas eu, inquieta, pesquei um meio parente gentil que se ocupava justamente desses meios de pesquisa e que em meio dia de trabalho fez tudo o que era preciso. Quando murmurou um "tem alguma coisa" eu tolamente experimentei uma espécie de satisfação.

Confiaram-me então ao departamento errado, aonde fui dar preocupações aos doutores e doutoras que, como não compreendiam nada daquilo, ficaram me esburacando várias vezes, continuando a longuíssima série de exames à qual o doente acaba por recusar

O ÚLTIMO VERÃO

submeter-se com toda a energia restante, por causa da constante drenagem do seu sangue.

Finalmente me liberaram, não sem antes me fazer passar à triagem, feita com uma tela demasiado larga, de uma neurologista de sua confiança (a segunda!) que pelo menos, além dos costumeiros joguinhos do dedo que se deve seguir com o olhar, demonstrou-me um pouco de simpatia feminina.

Sim, me liberaram, mas eram demasiado conscienciosos para deixarem de encher primeiro páginas e páginas perplexas, e para não me enviarem a um professor amigo (o terceiro!), cuja fama oscilava entre a de mago e de estudioso.

O antro do mago não era muito encorajador. Consistia em três salinhas míseras, sujinhas, reservadas às doenças infecciosas: o que fazia pensar que, fosse qual fosse a doença com a qual ali se entrava, se sairia no mínimo com AIDS. O mago era bonito, com olhos azuis magnéticos, mas seu encanto acabou quando me disse que eu devia tomar por mais de um mês cortisona, antes de retornar — assim, sem me explicar para que diabo isso ia me servir. Foi então que percebi que no seu estudiozinho havia um forte cheiro de enxofre.

Finalmente decidi gastar algum dinheiro, apelando para uma rede particular (isto é, ao que é público, mas travestido elegantemente).

Fui acolhida por uma pessoa competente (a quarta!), que se assustou mais do que eu, que estava protegida pela couraça da ignorância, e deu um passo à frente obrigando-me a fazer um exame de SLA.

Deixei-me pacientemente cutucar e passar por uma corrente elétrica, sem saber o que queria dizer SLA, pois eu nunca participara das rifas televisivas que durante um dia comovem os corações dos telespectadores, e cujo resultado finda sempre nas carteiras dos organizadores.

No entanto, pela alegria sincera manifestada pela competente profissional, compreendi que eu escapara de uma condenação iminente,

Cesarina Vighy

trocando-a — mas isto somente sei agora — por uma estada mais longa no extremamente desconfortável braço da morte.

Um médico amigo, porém, me faz apresentar a um autêntico luminar do passado próximo (o quinto!). Vou vê-lo e encontro uma pessoa que me agrada: cabelos e bigodinho brancos, maneiras pacatas e amáveis, proveniente de uma família de latinistas, um verdadeiro cavalheiro. Conversamos e, *en passant*, ele me põe a par da existência de doenças, raras mas não tanto, que são degenerativas (isto é, vão sempre piorando) e crônicas (isto é, não são curadas nunca), mas que são lentas, lentíssimas, andando quase como lesmas. No final, ele me pede gentilmente para refazer todos os exames que eu já fizera, no seu hospital, que é de sua confiança.

Despedindo-se de mim, sugere que não devo ter pressa, posso fazer tudo comodamente, em alguns meses. Segura minha mão entre as suas como se fosse um velho amigo, acrescentando um tranquilizador: "Eu aposto na senhora!"

Mas em vez de me acalmar, tudo o que me comunica é uma leve ansiedade, e depois de alguns dias volto precipitadamente para realizar todos os exames no seu reputadíssimo hospital.

Segundo ato — em lugar do elegante tio, encontro um velhinho que mal esconde a sua irritação ao ver-me despencar ali, para perturbar o seu espírito privilegiado com fardos incômodos. Examina as chapas (sabe já o que contêm, é claro), murmura algo referindo-se ligeiramente às tais doenças a que acenara de modo vago na vez precedente e me despede com uma daquelas frases que se pronunciam no cemitério, quando não se sabe mais o que dizer à lacrimosa viúva: "Senhora, cada um de nós tem as suas desgraças."

Um cínico latinista.

Mais tarde eu ficaria sabendo (quanto aprendi naqueles quatro anos!) que se tratava do comportamento típico dos neurologistas daquela época intermediária, que estava entre o triunfalismo do paleolítico, orgulhoso pela eficiência do seu olho clínico no que

O ÚLTIMO VERÃO

se referia aos meandros do cérebro, e a frustração do neolítico, cujos progressos tecnológicos em tais explorações revelaram a presença de novos mistérios, mas não nos presentearam com a chave mágica que poderiam curá-los.

Naquele momento eu queria absolutamente conhecer a verdade. Consultei então outro luminar (o sexto!), um pouco mais jovem, mas também coroado pelos louros acadêmicos. Por sorte tinha um temperamento um pouco mais alegre do que o outro e divertiu-se me fazendo perguntinhas inesperadas (claro que programadas antecipadamente), destinadas a provar qual o estado do paciente. "Tem medo de câncer?", pergunta muito alegrinho, dobrando uma de minhas pernas. "Não", respondo prontamente. "Tem medo de mal de Alzheimer?", mais alegre ainda, dobrando a outra perna. "Sim", e me dissolvo em lágrimas. Fui apanhada. Uma intelectual que lamenta o que não fez enquanto tinha tempo.

Manipula ainda um pouco o meu corpo (pelo menos ele não se envergonha de examinar como se fazia antigamente, de tocar a carne, a pele dos outros), e depois tem uma iluminação.

Como o jogador que, em uma sala repleta de olhares invejosos e de ouvidos incrédulos, e incrédulo ele próprio, grita "Bingo!" com uma voz despedaçada, assim o professor ilustríssimo deixa sair as palavras mágicas: "Esclerose lateral primária". Uma daquelas doenças que te proporcionam o elixir de uma vida longa e atormentadíssima. Aquele adjetivo, "primária", não me pôde ser explicado bem por ninguém — como não se preocupam com as nuances da linguagem, os médicos desdenham informar se o adjetivo é usado no sentido de "inicial" ou de "superior". Mas esqueçamos as sutilezas.

Depois o luminar dá uma olhada no prontuário e quando descobre o resultado negativo para SLA qualifica o meu doutor precedente (que foi seu aluno — eles todos se conhecem), com um sonoro "burro!" e olha para mim sacudindo a cabeça como se eu tivesse querido me inscrever no concurso de Miss Itália. Começo a compreender que esse SLA, que reúne os mais infelizes de todos nós, parece ser uma espécie de elite, segundo a óptica pervertida de uma hierarquia das desgraças.

Um pouco como acontece com o Círculo dos Jogadores de Damas em relação ao Círculo dos Enxadristas.

Com a audácia dos ofendidos, procuro saber o porquê e o como do meu estado. Ele abre os braços e, para me consolar, me responde: "A senhora deve enviar uma carta registrada com recibo de retorno ao Pai Eterno, que é o único que sabe isso, passando sua pergunta a ele."

Com a humildade dos vencidos, pergunto então o que posso fazer. Depois de me presentear com um grande sorriso de encorajamento, o professor passa à ação e com telefonemas frenéticos consegue imediatamente uma consulta com o seu melhor aluno, que por sua vez é professor e pertence ao quadro permanente de um hospital público, e ao qual ele me confia (são, finalmente, sete médicos!).

Este, jovem mas já meio careca, muito alto, com a cabeça enfiada sobre o corpo tão comprido como se fosse a lança de um soldado revolucionário, é muito amável e derrama-se em esclarecimentos. Compreende-se logo que sua ligação com o professor, embora nutrida por uma desencontrada afetividade semelhante à que há entre um pai e um filho que se amam, reuniu dois homens que na realidade são muito diferentes. Extrovertido e seguro de sua intuição um deles, teimoso e cauteloso o outro; experiente o primeiro, devotado aos estudos o segundo. O professor rabisca duas palavras no verso de um envelope, o discípulo enche folhas e mais folhas com uma caligrafia minúscula. Importante traço fisionômico: o mais velho se parece com um cavalo, o mais jovem é um híbrido resultante de um ratinho e de um coelho.

Entretanto, todos os dois são barões, na realidade ou na imaginação. O barãozinho cabe a mim, e procurarei gostar dele; o que acontece bem depressa, quando, assinando um e-mail, acrescenta: "Com amizade que não é unicamente médica."

Mas onde é que aprendem espertezas como essas? Em cursos de especialização? Onde é que aprendem, enquanto repetem que és perfeitamente livre de escolher o que quiseres, a te conduzir à mais completa confiança neles, até o ponto de descansar voluntariamente a cabeça sobre o que não te parece mais um cepo mas um confortável travesseiro?

Todos os doentes voltam a ser crianças. Assim se preparam, por meio de um aprendizado de racionalidade e de entrega à cura, para um tempo já próximo em que mãos estranhas (esperamos que sejam ao menos respeitosas) os alimentem, lavem e vistam, fazendo dos seus corpos aqueles objetos indefesos que sempre foram.

Às crianças não se pede uma opinião, nem uma intuição, sobre o que possa ter provocado aquela decadência. Lembro-me somente do luto profundo em que me senti imersa ao pensar que logo teria de abandonar o meu trabalho e com isso o meu cargo, o meu modo de ser útil, agradável e espirituosa. A lei me permitia ficar no cargo ainda dois anos — coisa que pedi, obtive, e queimei rapidamente. O último dia, que era o do meu aniversário, caiu em um sábado — poucos funcionários, poucos leitores. Esperei que todos fossem embora, desci a suntuosa escadaria sempre suja e escorregadia mas rica em baixos-relevos e estátuas; sentei-me no degrauzinho dos mendigos e chorei.

Na minha opinião, foi naquele momento que o primeiro neurônio secou dentro de mim, como acontece com um ramo de árvore devido a uma imprevista geada da primavera.

Nunca mais voltei àquele lugar, que fora o meu palácio encantado.

No amor, tudo ou nada.

Reabilitações, experiências, ilusões

No início a minha doença não me dava muito medo. Talvez por causa do seu nome, tão científico e asséptico que não despertava simbolismos radicados e mal permitia que fosse lembrado em uma sigla capaz de se memorizar — talvez por causa daqueles dois adjetivos, "crônica e incurável", que se adaptavam a muitas condições: a velhice, por exemplo, não é também crônica e incurável?

Eu deveria ter prestado mais atenção no termo "degenerativa", mas pensando nos degenerados que se divertem fazendo-se açoitar, eu tinha uma súbita vontade de rir. Além disso, o médico me assegurara que eu manteria minhas faculdades mentais intactas, até o fim — naquele momento tomei essa declaração como uma promessa, mas agora compreendo que se tratava de uma ameaça.

Para aprofundar mais, devemos acrescentar também um lampejo de vaidade tola por ter um mal que atinge a uma pessoa em cada cinquenta mil (cinquenta mil: os habitantes de uma pequena cidade!). Podem rir. Riam mesmo, mas conheço uma pessoa que afirma ter uma doença compartilhada somente com trinta habitantes do planeta — por meio da internet ficou conhecendo os outros 29, uma espécie de casta, talvez mesmo uma raça predestinada com a qual se comunica on-line, divertindo-se muito. Depois, nesta primeira fase

Cesarina Vighy

em que ainda se pode andar decentemente, falar mal mas ainda de maneira compreensível, a gente acaba sentindo uma excitação, uma exaltação: é a fase triunfal, na qual parece que ao menos ganhamos tanto quanto perdemos e que fomos escolhidos por algum motivo obscuro mas importante. A sensação, frequentemente justificada, de que compreendemos melhor os outros, de poder quase penetrar nos seus pensamentos, unida à segurança da plena possessão do próprio cérebro, nos faz supervalorizar este último, em detrimento das mais humildes expressões corporais, que no fim acabarão por se vingar, devastando-nos.

Assim, quando alguém jogou ali a palavrinha "reabilitação", e o professor Focinho-de-Rato aprestou-se a agarrá-la e agitá-la diante de mim como um prêmio de circo mambembe, achei isso também uma coisa boa e justa. Na realidade, só serviu para fazer os dois tomarem o meu tempo e perderem o deles.

O hospital para o qual me encaminhou (para que se entenda, era aquele no qual se praticava o caraoquê em carrossel) era muito bonito. Anexo a um palácio papal medieval, conservava intactas suas imponentes muralhas. Um grande jardim, povoado por uma miríade de pássaros espertos, seguros de que ali não entraria ninguém com redes ou fuzis. No interior estava repleto de maravilhas que faziam os visitantes se deterem. Era lamentável que abrigasse somente doentes.

Aprendi, ali, a viver naquele pequeno mundo fechado, onde vigoram outros usos, outros hábitos, outras leis.

Comecei a observar os uniformes, aos quais habitualmente damos somente uma olhada distraída, só nos lembrando depois se se tratava de camisas ou de jaquetas. Uma distinção importantíssima, porque revela a hierarquia e a ascensão na escala social: a camisa branca é de uso exclusivo dos médicos e de quem exerce cargos de chefia. O azul-verde e as jaquetas são somente para os outros. Ainda que

O ULTIMO VERÃO

todos os uniformes sejam minuciosamente descritos e prescritos nos regulamentos internos (decote em V, três botões, bolsos superpostos, calças unissex), a vaidade, o individualismo e as lavagens a máquina demasiado frequentes, que descoram cores e orlas, inutilizam os fins para os quais foram designados, fazendo com que se termine por tomar um general por um cabo. O importante, em qualquer caso, é compreender onde está o poder: nos enfermeiros e nos chefes de sala. Os primeiros podem bloquear o mecanismo que faz funcionar todo o hospital. Os segundos, pessoas de confiança e porta-vozes dos médicos, mas no fundo provenientes da mesma classe social que os subalternos, conhecem os humores dos doutores e, portanto, sabem dosar perfeitamente poder e esperteza.

Quanto aos terapeutas, podem ser basicamente divididos em duas categorias: os simples e os compostos. Os simples tratam de fazer bem o seu trabalho, têm uma boa relação com o dinheiro e a sua aspiração máxima é a avaliação trienal que, na sua opinião, os eleva quase à altura dos verdadeiros doutores.

Os compostos são mais inquietos, mais espirituais, e frequentemente desempenham a sua tarefa como se fosse uma missão salvadora para os doentes e para eles próprios, o que não significa que essa seja sempre a melhor opção. A minha fonoaudióloga era simpática, inteligente, gostava de poesia e de teatro. Naturalmente passávamos quase toda a hora dedicada a mim conversando, esquecendo de encher os balõezinhos e de sugar os canudinhos. Tivera muitas experiências dolorosas, entre as quais uma tentativa de suicídio.

Aspirantes a suicídio, atenção! Nesta fase inicial, triunfal, para aqueles que não têm religião esta parece ser a solução ideal para se evitar, levantando a mão contra si próprio, que outros (quem?) possam ser mais rápidos em levantá-la. Assim, com um lampejo de dignidade igual à dos antigos romanos, poderemos nos liberar, sem ter de assistir e nem oferecer um espetáculo de demasiada degradação.

Cesarina Vighy

Quando éramos muito jovens (e só por isso somos desculpados) meu marido e eu havíamos projetado esta saída de segurança, seguindo o exemplo de muitos casais socialistas do século XIX. Não conseguimos fazer um acordo somente porque, dada a diferença de idade que havia entre nós, não sabíamos decidir em que ano de nossa vida deveríamos finalizar tudo. Brigitte Bardot, na época em que tinha um rostinho bronzeado e usava rabo de cavalo, havia dito uma besteira maior ainda: que se suicidaria aos 30 anos. Hoje é uma velha gata despenteada, como eu.

Atenção, companheiros de desventura que sois agora os destinatários deste pequeno vade-mécum que vai se estruturando quase sozinho. O *Homo sapiens* é o animal mais adaptável que jamais apareceu, sem desaparecer, na face da terra. Foram-se os dinossauros, foram-se os mamutes, mas o ser humano continua aqui. Porque aceitou, sem preconceitos mas não sem asco, comer carne ou folhas, segundo as necessidades. Enquanto acreditava que era civilizado porque falava, caminhava ereto e vestia talvez uma jaqueta de listras com uma estrela amarela costurada sobre ela, comeu cascas de batata, lixo, couro cozido. Outros, diferentes, cometeram traição, venderam os filhos, prostituíram as filhas, para sobreviver. No final tudo se aceita, podeis acreditar em mim que odeio a feiura, a sujeira, a dependência dos outros, a doença, e, sim, até mesmo os doentes: o humilhante instinto de sobrevivência leva a melhor disto tudo.

Alto, atraente sem a pretensão de ser, atraído também pela ideia da autodestruição em um período penoso do seu passado, estava ainda vivo o meu psicoterapeuta das botas elegantes (um presente da sua muito amada mulher): passamos juntos horas muito agradáveis, discutindo muito seriamente assuntos diversos. Mas começou a declinar no meu conceito quando me devolveu um livro belíssimo, na minha opinião, confessando candidamente não o ter lido pois as suas preferências iam para as obras pertinentes à sua profissão.

O ÚLTIMO VERÃO

E caiu totalmente do pedestal quando me aconselhou a ver um filme recheado de boas intenções mas malrealizado. O seu ídolo era Nelson Mandela.

Saí do hospital depois de ter feito muitas observações interessantes, mas nenhuma reabilitação.

Passaram-se já quase dois anos, durante os quais vi regularmente, a cada trimestre, o Focinho-de-Rato. Eu lhe levava relatórios espirituosos dos progressos feitos pela minha doença, a qual já havia aprendido a caminhar em meu lugar; ele escrevia e escrevia em grandes folhas que iriam certamente engrossar o seu Livro dos Mortos pessoal.

Um dia, resolveu fazer-me uma proposta, meio casualmente: será que eu gostaria de participar, por assim dizer de uma forma "particular", de uma experiência da qual eu estava excluída por já estar em um grau mais avançado do que os outros, na parábola descendente? Naturalmente eu era totalmente livre para aceitá-la ou não, parar no momento em que quisesse etc. etc.

É inútil: esses doutores são mais espertos do que o diabo para induzirem os condenados a enfiar a cabeça no laço voluntariamente, contentes e até reconhecidos. Eu aceitei, cheia de curiosidade: tratava-se somente de ingerir pequenas quantidades diárias de uma substância que havia tido seus quinze minutos de fama quando se difundira a crença de que servisse para acalmar os nervos de um político particularmente decidido e a língua demasiado solta de um emérito presidente da República.

Comecei com a maior boa vontade, suportando os buracos nos braços e nas mãos, provocados pelas frequentíssimas tomadas de sangue para controle (Focinho-de-Rato era até mesmo escrupuloso). Mas, quando percebi que minha urina se tornava muito mais frequente e abundante, apossou-se de mim o temor de me sujar, que é apanágio das criaturas civilizadas. E assim uma noite, correndo, por assim dizer, para o banheiro, caí, com a cadeira de rodas e tudo, acrescentando aos meus troféus de guerra (hematomas que não acabavam mais, duas costelas trincadas e três vértebras quebradas) a fratura do osso sacro.

Tornei-me a primeira vítima da experiência que já havia produzido o sacrifício de centenas de camundongos, eles sim, verdadeiramente inocentes.

Quando, criando coragem, transmiti ao professor as previsões nefastas, pontualmente cumpridas e já contidas na bula do remédio, ele me respondeu com um ar angelical que, como a substância era destinada a curar os "loucos", essas advertências eram dirigidas a eles, que naturalmente a deviam ingerir em doses duplas, triplas e quádruplas.

Naquele momento me persuadi de que as doenças raras são o verdadeiro caldo de cultura das ilusões. Então, que continuem a cozinhar naquele caldo e que os curandeiros que não nos curam nos deixem em paz — não temos nenhuma vontade de tirar o véu de Maia ou de encarar Medusa, com seus cabelos-serpentes que se movimentam lentamente. Além de tudo, ficaríamos depois petrificados.

Eu li, tolamente encantada, que as pessoas que são curadas pelos métodos que nos são dados (doutores, exames, receitas, radiações, remédios) constituem uma absoluta minoria no planeta, toda ela reunida nos países tecnologicamente avançados. O resto da humanidade recorre à oração, às ervas, aos magos, ao choro, às danças, aos esconjuros. Entre aquelas páginas encontrei a cura de que precisava: o xamã entra na sua tenda, olha o seu corpo, conserva durante muito tempo uma das suas mãos nas dele; depois, mete na sua testa um cocô de cervo, prometendo voltar no dia seguinte. E volta.

Viagem ao redor do meu quarto

Depois das chamadas Festas, eu me transferi para o meu estúdio, que tem até uma cama. Estreitinha mas suficiente para quem, como eu, não consegue mover a bacia e durante toda a noite tenta em vão emular aquele Barão de Münchausen que se salvou das areias movediças sem ajuda, puxando-se pelos próprios cabelos.

A desculpa para a pequena mudança é que aqui é mais quente; na verdade, é o primeiro passo para separar-me dos meus — agora, sinto, essa separação está próxima. E além disso me agrada muito este quartinho: nas paredes há imagens e objetos escolhidos por mim, uma coisa que nunca pude fazer na casa de Veneza, onde uma ordem imóvel, que eu nunca ousaria perturbar, havia sido decidida e estabelecida por minha mãe, de uma vez por todas.

O espelho, logo ao entrar, tão necessário para se ver o próprio retrato mudar, dia a dia. Depois, todos os livros de cinema, outra paixão minha, acompanhados de um *Corriere dei piccoli* ("Correio dos pequenos"), mais ou menos do ano do meu nascimento, amorosamente enquadrado, com uma história do Sor Pampurio repreendendo a empregadinha que sempre perde a cabeça pelos astros do cinema.

Em um quadrinho estão duas notas de mil liras, que milagrosamente ganhei no jogo com minha professora, em geral invencível.

Um grande coração de marzipã ressequido dependurado de um prego na parede, suvenir profético do que seria a minha última viagem, na Oktoberfest.

Ao lado do leito, na alcova de madeira, uma reprodução do *Jardim das delícias* de Bosch nos conduz ao reino dos sonhos alegremente inquietantes; enormes pássaros, homúnculos encerrados em garrafas, pequenos buquês de flores enfiados no traseiro.

Mas o que me comove é uma fotografia que está aos pés da cama; é grande e bem visível seja à noite, com a luz da mesinha de cabeceira, seja de manhã, quando a aurora a vem acariciar.

Em geral não gosto das fotografias de família — elas congelam os momentos felizes enchendo-os de saudade, e também os momentos tristes, renovando suas causas. Mas neste caso aconteceu um pequeno milagre: a imagem, tomada despretensiosamente, recompõe casualmente um grupo, respeitando o aspecto, a personalidade, a ordem da chegada na família, até mesmo a hierarquia de cada membro, individualmente.

São os meus amigos, os que melhor compreendi e que me deram mais do que isso.

São os meus gatos, agora já desaparecidos do mundo visível, mas que permanecem sempre no meu coração, como um pequeno cenotáfio acolhedor.

Está na hora da comida e eles se reúnem na cozinha, virando todos ao mesmo tempo a cabeça na direção do insólito clique.

Uma dama da antiga corte japonesa sonhou uma noite que uma graciosa gatinha dirigia-se a ela, falando assim: "Eu sou a tua amiga que morreu há três meses e por uma culpa leve reencarnei-me assim. Trate bem de mim."

Por uma culpa leve.

O ÚLTIMO VERÃO

. . .

O primeiro gato se chamava Ghego, um nome parecido com o balbuciar de uma criança — na verdade foi minha filha pequena que o batizou, pois o considerava como uma espécie de irmão que apresentava algumas anomalias agradáveis.

Éramos muito jovens então e o compramos, equiparando-nos aos mercadores de escravos. Era bonito, com aquela beleza uniforme dos siameses, bondoso a ponto de se deixar vestir como um boneco, e quando chegou foi ensinado a comer na panelinha seu arroz misturado. Três dias mais tarde já estava inexplicavelmente viciado nisso.

Muitos anos mais tarde, foi o primeiro a partir, conforme a lei da natureza; na foto está logo na frente, mas destacado dos outros, como em um presságio, enquanto os demais gatos formam perto da mesa uma fila ligeiramente torta, respeitando as regras da perspectiva — gatos de porcelana florida.

O segundo gato que entrou na nossa casa era totalmente o oposto do nobre Ghego. Foi encontrado debaixo do nosso portão, em uma tarde de chuva furiosa, por minha filha, que nos exibiu uma coisinha enlameada, lacrimosa e somente com três pernas, implorando-me para adotá-lo. Fiz como Pôncio Pilatos: passei a decisão para o veterinário. *Pollice recto:* depois de ter ficado três dias extraindo lama das suas orelhas, ele nos restituiu um gatinho bastante decente, com um belíssimo peitilho branco que lhe assentaria muito bem, se logo mais não houvesse começado a fervilhar de pulgas — um suplício que o pobrezinho deveria suportar a vida toda, incapaz de se liberar delas por causa da sua má-formação. Por causa da patinha que lhe faltava, coube-lhe o nome de Zumbi, muito descritivo, mas no fundo um insulto, motivo pelo qual era também chamado pelos apelidos de Zumbito, Zumbizinho etc. Mas eu o chamava de "Frei Sereno" ou de "Ovelhinha de Deus", por causa da sua doçura e da humildade que manifestava diante de seus companheiros, cedendo-lhes a passagem

Cesarina Vighy

e deixando-os comer antes dele, como se aquela pata que lhe faltava não lhe concedesse direito a nada. Teve, porém, sua reabilitação final; quando, já muito doente, tinha que ir e vir do veterinário, eu o levava sempre de ônibus. Era a primeira vez que viajava assim e se espantava com tudo, distraindo-se um pouco de seus males, como se fosse um camponês aturdido. Um menino, inclinando-se sobre a sua perninha, lhe disse até uma coisa que ele nunca ouvira dizer de si: "Que gato bonito!"

Na sua última noite, todos os seus amigos foram em peregrinação até sua caminha, apoiada ao aquecedor para mantê-lo aquecido, para cumprimentá-lo.

Um amor que a nenhum amado perdoa amar.

Os mouros foram encontrados em um Primeiro de Maio no parque, sempre por minha filha, à qual proibi, desde então, de frequentar lugares tão perigosos. Haviam sido abandonados naquele instante ali, pois ainda estavam pulando para fora da caixa enquanto um pequeno círculo de pessoas se formava ao seu redor. Saíram quatro deles, todos negros, todos espertíssimos — a menina usou sua saia como se fosse um avental, para trazer os gatinhos para casa.

Eram muitos, mesmo para nós. Por sorte deparamos com um casal de namoradinhos que queriam experimentar o casamento e para isso haviam decidido morar juntos. E já que estavam dispostos, queriam também experimentar ter filhos — mesmo que fosse com um animalzinho.

Apaixonaram-se logo pelos dois, mas ela preferia o que se parecia muito com Mio Mao,* enquanto ele, uma femeazinha que tinha uma estrela branca na testa. Tive um lampejo de genialidade: convenci-os

---

* Mio Mao é o nome de um programa de TV infantil muito conhecido na Itália e na Inglaterra, que tem como protagonistas dois gatos. (N.T.)

O ÚLTIMO VERÃO

a levar os dois, colocando uma pulga atrás de suas orelhas, ao dizer que afinal poderiam ter um casal de gêmeos, coisa tão frequente hoje. Quem sabe como terminou essa experiência de família....

É claro que os outros dois mouros terminaram na nossa comunidade, como talismãs. A fêmea foi chamada de Marlene, devido ao seu andar sinuoso de diva dos anos 1930, que tantas vezes eu mesma havia tentado copiar ao colocar um pé exatamente na frente do outro. O macho mereceu o belo nome de romano antigo Pansa Nasica (familiarmente abreviado logo para Pansy), não tanto por ter nascido em Roma, e muito menos ainda por antiguidade, mas pelas suas características físicas: um grande nariz de felino e um orgulhoso ventre de comilão.

Carlina teve uma história diferente e merece uma atenção especial. Todas as quartas-feiras meu marido ia ao campo com um amigo, para dar de comer a um bando de gatos esfomeados que aos domingos recebiam comida de um outro bom samaritano. Moral da história: esses gatos comiam duas vezes por semana. O espetáculo da distribuição dos alimentos era indescritível, se é que se pode chamar de distribuição jogar aqui e ali restos de carne, de peixe e gordura de presunto, evitando, ao mesmo tempo, que os animais agredissem uns aos outros e que os menores, incapazes ainda de transpor as filas dos adultos, permanecessem sempre em jejum.

Um dia, ao chegarem, os dois seres humanos não ouvem o costumeiro coro de miados furiosos. Aquele canto abrigado, forrado com folhas, estava reduzido a uma aldeia de índios devastada pelos ianques — nem um sinal de vida. Na verdade, havia sim um sinal de vida, mas estava tão maltratado que era difícil reconhecê-lo: Carlina. A linha da espinha dorsal fora curvada por uma possível paulada, o ventre estava inchado, o pelo endurecido, e ela só se salvara por um expediente usado nos filmes: fora recoberta pelos corpos dos gatos abatidos, e depois se arrastara e ficara escondida em um buraco.

Cesarina Vighy

Procurou-se em vão um veterinário, inexistente naquelas aldeias, deu-se uma corrida (a última?) até Roma, onde ela foi tratada, mas sem dar sinais de recuperação; finalmente alguém ousou abri-la e encontrou um dos rins inchado a ponto de arrebentar. Depois que o extraíram, começou o milagre da sua ressurreição. E, com tudo isso, não deveria receber o mesmo nome do seu salvador, meu marido?

Naturalmente não é igual aos outros gatos. Conserva todos os hábitos que adquiriu na sua infância selvagem — joga-se sobre os alimentos, tanto os próprios como os dos outros, e se empanturra; ela, que deveria somente comer umas papinhas semilíquidas. Depois, tem todas as doenças possíveis, hérnia, cólon demasiado longo e que quanto mais come mais quer comer, não se engana. Porém, nos intervalos, é muito simpática — de poucas denguices, mas salta sobre nossos ombros e se enrosca no pescoço como se fosse um verdadeiro cachecol de pele. Todos nós sabemos que não vai durar muito, mas, com sua frenética vitalidade, ela consegue chegar aos 9 anos, que perfazem já um belo trajeto.

Nenhum deles existe mais, mas cada qual foi homenageado com um rito fúnebre condizente com sua personalidade.

O príncipe oriental foi sepultado em um sofisticado cemitério para animais. O irmão humilde e a diva caprichosa em um campo de amigos, entre uma oliveira e um pessegueiro, vizinhos. O comilão pacífico e a comilona suicida em dois grandes vasos, que estão no nosso pequeno terraço.

Terão muito o que contar.

Amigos gatos, eu estive sempre mais próxima de vocês do que dos seres humanos, sei disso. Mesmo agora, quando estou tão doente, a minha misantropia natural tornou-se obrigatória, e é com esses pacíficos animaizinhos, um esboço de natureza selvagem conservado entre nós, que eu me comunico mais.

O ÚLTIMO VERÃO

Agora, há a Gatta redonda, enfermeira, confidente, amiga. Agora, há outros dois gatinhos que andam pela casa e que antipatizam muito com ela, e que me foram emprestados, em confiança, pela minha filha aventureira — empréstimo que espero poder transformar em adoção. Ele é negro como tinta (Inky), tão negro que quando fecha os olhos desaparece, como o gato mágico de Alice.

Ela é uma minúscula fêmea tigrada (Tigrina) que pelo nome bastante óbvio me lembra daquele mais extravagante, o nome de um gato veneziano que conheci, toda uma vida atrás, Tigrin Bellegambette ("Tigrinho de belas perninhas").

Agora que não posso mais falar, ainda me comunico com eles.

De noite, quando choro na cama, a velha amiga que dorme sempre nos meus pés desperta subitamente e vem esfregar sua testinha no meu rosto. O seu ronronar delicado me repete no escuro a promessa que eu extraí dela: "Não vou partir antes de ti."

Corpo a corpo

Permaneço muito tempo na cama para atenuar o frio que sinto incessantemente, embora a casa seja bem aquecida. E também porque me sinto sempre tão cansada. Olho pela janela o pedacinho de mundo que me cabe e, apesar de tudo, acho que é belo. O boletim de guerra é enviado pelo meu corpo, cuja linguagem finalmente compreendo. As últimas defesas estão caindo, os bastiões se rompem, as sentinelas escaparam e o óleo fervente de que dispúnhamos está reduzido a gotas. É uma rebelião de todos os órgãos do corpo, até mesmo dos bons, que nunca me deram trabalho: orelhas, garganta, intestino.

Quem tem um velho em casa, principalmente se está doente (e é preciso lembrar sempre que a velhice em si já é uma doença), sabe que o seu lugar preferido é o banheiro. Uma preferência irritante que faz "os que devem ir trabalhar" ficarem se roendo de raiva, porque a eles cabe sempre, em nome de um princípio econômico, a precedência sobre tudo e todos. Depois vêm as raparigas em flor, que nunca se saciam de arrumar os cabelos, renovar o batom ou lixar uma unha; até os jovens têm exigências parecidas, a procura do último cravo que surgiu no rosto, uma borrifada de gel no cabelo, esfregar o desodorante nas axilas mal-lavadas.

A verdadeira luta, porém, é com os menininhos, que disputam as longas estadas no mesmo lugar. Se eles são mais velozes em se enfiarem pela porta aberta, os velhos têm, porém, mais experiência e sabem esperar que a voz de um adulto chame o impúbere amador (todos ficam imaginando o que fará fechado lá dentro) a outras necessidades mais importantes, como a escola, os deveres de casa, a hora de ir dormir.

Mais tarde, quando todas as pessoas ativas deveriam estar finalmente adormecidas, os velhos, arriscando levar um terrível tombo a cada passo iluminado pela luz vacilante de uma lanterna elétrica, podem finalmente instalar-se no seu reino — para os mais sortudos está ainda reservada a posse da chave.

O que há de tão agradável em ficar tanto tempo no banheiro para as duas tribos tão distantes no tempo?

Em primeiro lugar, o sentimento de liberdade fornecido por um lugar onde se tem o direito de permanecer sozinho; depois, a exploração do próprio corpo e das suas potencialidades mais ou menos expressivas.

Há também os meninos estudiosos que levam consigo uma pilha de livros, na dúvida de qual deles escolher; e também os velhos estudiosos que têm uma pequena biblioteca encaixada entre os ladrilhos, ou então os simplesmente curiosos que conservam no esconderijo um número da *Settimana Enigmistica* para se curarem, não da prisão de ventre, mas do enfraquecimento da memória.

De qualquer modo os velhos, que têm toda a noite à sua disposição (não dormiriam, mesmo), a passam sentados sobre o vaso. Muitos esperam "o benefício", como o chamava com uma expressão já desusada o nosso médico de família do século XIX, que com a sua

O ÚLTIMO VERÃO

barbicha, o colete e os óculos pequenos, parecia a contrapartida de Pirandello.

O "benefício", ou seja, esvaziar o intestino, é a sua constante preocupação, sem falar dos casos, mais raros, em que o repugnante órgão deveria, ao contrário, ser amarrado, estrangulado.

O que se pode ficar fazendo sobre um vaso de privada durante horas e horas?

Mil coisas. Cortar as unhas (as dos pés constituem um verdadeiro problema que exige agilidade e flexibilidade); constatar os danos causados, quando se desincha graças a diuréticos, pelas mãos, que agora parecem, enluvadas em uma pele sequíssima e frágil, com os artelhos de uma múmia egípcia; escovar os cabelos, removendo a maior quantidade possível de caspa; extrair com delicadeza (seria preciso aquele pequeno fórceps que se usa para os *escargots*) as crostinhas sangrentas formadas nas narinas; coçar o fundo da orelha, manobra que requer uma suavidade ainda maior por misturar um prazer de natureza sensual ao gosto da aventura, com o risco, sempre possível, de se furar um tímpano. E depois, cruz e delícia, com carícias cada vez mais profundas, despertar aquele prurido em todo o corpo, invencível, insuportável, operação que se pode comparar à alegria feroz do piromaníaco que goza ao ver se acender e avançar o fogo que ele próprio iniciou.

Não chega isso? Experimentem encontrar algo melhor do que isso.

Os velhos ficam olhando atentamente para a tela da TV e além de se distraírem acabam sempre por encontrar algo útil. Por exemplo, com o incompreensível triunfo dos coronéis da meteorologia, sabem uma quantidade incrível de coisas inúteis sobre a densidade da neve, os ventos favoráveis para se ir velejar e o estado das estradas congeladas ("colocar as correntes"). Mas sabem também a que hora se põe, e sobretudo surge o sol na sua cidade; assim, com uma prudente antecipação, esgueiram-se para fora do banheiro antes que os da casa despertem e descubram as suas transgressões; voltam para a cama, onde tentarão dormir três ou quatro horas verdadeiramente necessárias; às vezes encontram os gatos da família e são capazes de imitar o seu passo incerto, visto que, tendo por natureza o mesmo ritmo de sono, os gatos estão também indo dormir, certos de poderem desfrutar as vinte horas de sono que lhes são indispensáveis.

O corpo não envelhece de uma só vez; é feito de pedaços e a cada tanto jogamos fora um deles. Exatamente como nos diz a canção de Gaber: "Perco os pedaços, mas não é minha culpa..."

Na virada dos meus 50 anos, por exemplo, eu estava maravilhosamente íntegra. Nenhuma operação, cabelos em abundância, sangue menstrual regular; e rejeitava, considerando uma brutalidade contra a natureza, os conselhos dos dentistas, que queriam tirar do caminho um chatíssimo dente do siso — mesmo se naquele inverno o dente desgraçado me fazia sentir todo o seu poder maligno. Desafiei-o, e fui para Paris no Natal. Ceiazinhas à luz de velas, ostras, visitas a palácios, museus, cemitérios — de nada serviam, o dente continuava a me atormentar. Em casa de amigos eu era obrigada a dissimular, falando, rindo e trincando os bons companheiros do maldito. A noite da véspera de Natal foi para mim a pior da minha vida, fiquei desperta o tempo todo, estendida sobre o pavimento do banheiro de empregada, rodeada pelos quatro gatos da casa, perplexos, espantados de que um ser humano pudesse ganir daquela maneira. Meus amigos me encontraram ali de manhã e me enviaram, com meu marido, para o Pronto-Socorro Odontológico. O dentista de plantão me perguntou se eu queria me livrar do meu inimigo, como se aquilo fosse a coisa mais natural do mundo. Recusei, reunindo toda a energia que me restava, pois não queria que aquele pedaço do meu corpo, o primeiro a deixar-me, ficasse ali, em uma terra estrangeira.

O ÚLTIMO VERÃO

Tive de ceder ao voltar a Roma, não sem antes esperar estoicamente completar o meu quinquagésimo ano. Foi uma cena cômica. Eu chorando sobre o que me parecia ser uma cadeira elétrica, e o dentista, que conhecia o meu drama, rindo como um louco. Em cinco minutos tudo acabou, mas eu continuava a chorar. Não, certamente, por causa da dor, que não existia mais, mas pela perda, pelo luto, pela integridade violada do meu corpo, o primeiro sinal de fragilidade e de morte.

O dentista, que passava os dias a esburacar dentes, me perguntou, irônico: "Quer que eu o reimplante?" Mas como era também um homem inteligente, pude ver que lá no seu canto estava lavando bem o meu perseguidor. Quando eu estava saindo ele me deu meu dente, bem limpo, um amuleto.

Um método para se calcular o tempo que passa sobre nós, o rolo compressor que nos deixa esmagados, mas ainda vivos entre as vistosas rachaduras do asfalto, como acontece com os personagens dos quadrinhos, perigosamente imortais?

Cada qual tem o seu, mas para mim o que funciona é o simples relacionamento com os cinco sentidos. Cinco por assim dizer, porque verdadeiramente são muitos mais — como descobrimos cada vez que reencontramos o caminho em uma cidade desconhecida, ou quando sabemos dizer exatamente que horas são sem necessidade de olhar o relógio, ou quando procuramos em vão um lugar, uma praça que sabemos descrever de canto a canto, mas que parece existir somente em sonhos ou no sonho de um sonho, ou no sonho do sonho de um sonho...

• • •

Cesarina Vighy

Hoje a visão e a audição prevalecem, dotadas de uma espécie de nobreza no reino dos sentidos, talvez porque é por seu intermédio que são lançadas no nosso cotidiano as tão amadas novidades tecnológicas.

Para muitos, realmente, o que seria o seu dia sem as horas que passam diante de uma tela televisiva, engolindo um blá-blá-blá insípido ou enganoso sobre os acontecimentos verdadeiramente importantes para a sua vida, alimentos tão pouco nutritivos que os obrigam a procurar imediatamente um belo prato apimentado de casos de outras pessoas, imaginários ou imaginados, mas em todo caso bem prazerosos.

E a tela do computador, que nos faz sentir em comunhão com o mundo, ou talvez com jogos que fazem todos se sentirem criativos — sim, mas com uma criatividade barata.

Então, não lamento as dioptrias que perdi.

Parece que os surdos sentem que pertencem a uma casta, a uma categoria privilegiada — talvez por não ouvirem os comentários que fazem os outros às suas costas, ou talvez porque somente se comunicam entre si. Assim excluem, sem serem excluídos.

Mas eu vivi de perto a tragédia de meu pai, que está para se repetir em mim. De um pouco surdo a totalmente surdo, aos poucos excluído de suas tantas atividades profissionais, culturais e sociais. Nada mais de teatro, de música, de palavras; nada de política, de conversas, de trabalho. Perguntava-se, frequentemente: "Por que o cego faz as pessoas chorarem e o surdo as faz rir?"

É mesmo, por quê?

• • •

O ÚLTIMO VERÃO

Os outros três sentidos do sistema tradicional (paladar, tato e olfato) são considerados vulgares, mais animalescos do que humanos, mas é justamente por isso, por mergulharem nas nossas origens comuns, que eu os considero mais importantes. Estou contente por tê-los conservado intactos.

Imaginem uma vida em que se tenha perdido o sentido do gosto, como acontece após alguns incidentes. As horas das refeições transformadas em obrigações tediosas, e não em paradas divertidas. Cada bocado engolido à força, como se fosse uma bolota de papel molhado que proporciona somente o incômodo da digestão.

Se fosse somente uma questão de gula, de prazer, tudo bem. Por causa da fome se come qualquer coisa, metade da humanidade está ainda provando isso; e houve santos que, por mortificação, comiam as coisas mais repugnantes. Mas a falta do paladar pouco a pouco gera o fastio e a indiferença pelos alimentos. Portanto, quando não se julga mais necessário procurá-los, defendê-los, perde-se aquilo que mantém unidas nossas moléculas, o próprio instinto de sobrevivência.

No entanto, isso também acontece com os que gostam de se empanturrar (principalmente com doces, porque a senilidade se parece com a infância), mas que sentem tanta dificuldade em engolir que arriscam morrer sufocados. É o suplício de Tântalo versão-esclerose, e eu já atingi um ponto extremo: sinto dificuldade em engolir até mesmo a irmã-água.

Mais impalpável, mesmo tratando-se de algo muito material, é o próprio conceito de tato. Talvez se refira a tocar ou a ser tocado. Quanto a esse segundo aspecto, depois de certa idade o que mais ocorre é sermos batidos, empurrados, apalpados. Mas, quanto

Cesarina Vighy

a tocar, que delícia ainda é acariciar um gato negro (não sei bem por quê, mas deve ser negro), com seu pelo que mais parece saído de uma peça de veludo de seda, das longas luvas de Gilda; a cauda lisa como uma pequena serpente inofensiva, os bigodes macios que se curvam de prazer a cada passagem da mão.

Portanto, que seja louvado o tato.

Sou uma especialista em olfato. Notei, espantada, que os meus odores naturais mudaram: desaparecido o do suor, que nas pessoas morenas recorda, atenuando-a, a primitiva negritude, enquanto, surpreendentemente, me sinto mais mulher; as outras secreções estão de tal modo alteradas pelos remédios que não posso levá-las em consideração.

O sentido mais antigo, aquele necessário, há muito tempo, para propagar a vida, despertando os ardores do sexo, é ao mesmo tempo o que está mais pronto a se dobrar às necessidades e às modas.

As cidades, que no início do século XX fediam por causa dos "benefícios" gratuitos dos cavalos, hoje exalam o perfume da gasolina cara, queimada. Baudelaire cheirava sensualmente a cabeleira da sua amante mestiça, que o fazia sonhar com viagens a países exóticos em navios carregados de especiarias; hoje, muitos lavam a cabeça todos os dias, perdendo, além dos cabelos, qualquer odor natural.

Um autor muito espirituoso, o esquecido Marcello Marchesi, nos deixou o mais belo epitáfio do olfato:

E todos desodorados,
terminaremos mordidos
pelos nossos cães.

• • •

O ÚLTIMO VERÃO

A propósito: o sentido que me é mais útil agora, mesmo necessário, foge à catalogação clássica. É uma sorte que eu ainda o possua, íntegro e talvez um pouco malvado.

É o senso do humor.

Os conselhos de Madame de La Palisse

Madame de La Palisse devia ser uma mulher ótima.

Queria bem a seu marido, valoroso capitão, e por isso ficava ouvindo pacientemente os seus relatos de batalhas, assédios e duelos; sábia como era, demonstrava muito interesse, mas enquanto isso no seu íntimo divertia-se bem, sabendo o quanto os homens, até mesmo os mais sinceros, têm necessidade da admiração total da parte daquelas ouvintes domésticas que são suas esposas.

Ela tinha um outro talento — possuía um sadio senso de humor. Por isso, quando lhe chegou a notícia da morte do marido na batalha de Pavia (uma forja de frases célebres), depois de chorar muitíssimo, não pôde deixar de prestar atenção na canção improvisada pelos seus soldados, em honra da sua memória, e cujo final, ingênuo até o absurdo, destinava-se a permanecer pelos tempos afora, atribuindo ao adjetivo "lapalissiano", transferido dos que o louvavam ao louvado, uma patente de bizarra estupidez que aquele heroico homem de armas certamente não merecia.

Cesarina Vighy

Monsieur d'La Palisse est mort,
Mort devant Pavie;
Un quart d'heure devant sa morte,
*Il était encore en vie.**

Mais o tempo passava, mais essa estrofezinha fazia madame rir, pois ela inteligentemente se alegrava de que o seu homem houvesse passado também à eternidade da linguagem.

Começou a falar com a obviedade da trova popular e descobriu que desta maneira as pessoas a compreendiam melhor.

A mim também me ocorre frequentemente falar como Madame de La Palisse. Agora, esperando fazer algo útil, assim falarei aos principiantes, aos catecúmenos desta minha e sua doença, dando alguns conselhos simples tirados da experiência, uma espécie de pequeno decálogo portátil.

I — Não alimentem ilusões.
Se for descoberta alguma possibilidade série de cura, os norte-americanos, recuperados do *crack*, começarão a publicar nas revistas especializadas estudos que serão reproduzidos e exaltados nos jornais, para depois serem esquecidos. No meio-tempo, uma montanha sangrenta de ratinhos inocentes se formará, os quais prepararão o caminho para experimentos em humanos (a propósito, deixem que isso seja feito com

---

* "Monsieur de La Palisse morreu,/ Morreu diante de Pavia;/ Um quarto de hora antes de sua morte,/ Ele ainda vivia." (N.T.)

outros). Depois de alguns anos, serão obtidos resultados positivos. Depois de trezentos e cinquenta e nove anos, o tempo que se levou para reabilitar Galileu, no nosso país se abrirão as portas ao remédio maravilhoso.

Vocês acham que poderão resistir tanto tempo?

II — Acreditem moderadamente nos médicos.

Depois de terem corajosamente exaurido as suas funções no diagnóstico difícil, sentindo-se importantes, eles darão a vocês remédios que frequentemente se contrapõem um ao outro, aumentando a confusão deles e a de vocês.

III — Se acreditam em algum deus, agarrem-se a isso. Pode ser que sirva de alguma coisa, no início ou no fim, principalmente se vocês não fizerem demasiadas perguntas de tipo racional.

Em vez disso, rezem para ele, ou então blasfemem contra ele; agradeçam ou maldigam. Talvez isso sirva para manter abertos os canais da comunicação.

IV — Se não creem em nada, é melhor: uma preocupação a menos.

Muitos observadores profissionais asseveram que os ateus morrem com mais facilidade.

V — Sigam seu instinto. Ninguém nos conhece melhor do que nós mesmos.

A maioria das pessoas dirá: "Aceite, aceite." O que quer dizer continuar a ver os amigos, cujo suspiro de alívio vocês terão a impressão de ouvir assim que saem de sua casa, e continuar a falar com eles até que a sua voz não se transforme em um grasnar apenas inteligível. Eles são obrigados a demonstrar piedade, e vocês coragem, enquanto, na profundeza das vísceras, eles são tomados pelo medo e vocês pela inveja.

Não chamo "aceitar" aquilo que se é obrigado a tomar à força.

Há também os que dizem "lute, lute", os que nos necrológios sempre escrevem: "Depois de ter lutado muito tempo contra a doença... morreu ontem nosso amigo de sempre, XY...". Não liguem para isso: esta concessão muscular não servirá a não ser para diminuir as forças de vocês, já escassas, até o momento em que chegará em grande estilo a famosa "fadiga" que não consiste, como até eu acreditava, em não poder mais se arrastar com os sacolões do supermercado repletos de compras, mas na impossibilidade de levantar com uma das mãos o suplemento ilustrado de um jornal.

Entre essas duas escolas de pensamento, eu pessoalmente escolhi, com orgulho, uma terceira via, aliás desaconselhada e criticada por todos. Seguindo a minha misantropia e ajudada por uma capacidade natural para permanecer sozinha, tranquei-me em casa, não respondo ao telefone, recuso qualquer visita e me comunico com os outros somente por escrito.

VI — Desistam de suas recordações, contentando-se com os pequenos privilégios concedidos aos doentes.

Visto que entrei em uma *Second Life*, procuro (naturalmente não é possível) cancelar os vestígios da primeira. Eu gostaria de me livrar de todas as recordações, queixas e remorsos. Gostaria de fazer da minha mente uma tábula rasa, mas ela continua, infelizmente, a trabalhar até demais. Aprecio e aproveito as pequenas vantagens dos doentes: ser tratada como uma boneca para ser despida, vestida novamente e penteada; ver prontamente satisfeitos os pequenos caprichos da alimentação; deixar aos outros, mesmo se me sinto espoliada e ignorada, o governo da casa, a disposição dos objetos, o lugar exato dos livros.

Quanto aos meus amigos (unicamente de escrita), nunca me senti mais estimada, admirada e amada. Porque não têm mais de temer a minha língua afiada; sei disso, mas não me importo; pelo contrário, eles é que me inspiram um pouco de pena, às vezes, por serem constrangidos a olhar o tempo todo para trás, perseguidos pela própria sombra.

VII — Não fiquem com raiva dos que lhes fizeram mal involuntariamente. Do contrário, seria como ir dormir à noite com uma pequena lasca que não quer sair da unha.

VIII — Suportem a enfermeira que trata vocês familiarmente, como se fossem velhos idiotizados. É incrível, mas parece que essa é uma recomendação feita nos cursos profissionais, como método falacioso para sentir-se mais próximo dos doentes. Pode ser. Eu só vejo nisso uma grande prova de grosseria.

IX — Tenham paciência com os que sofrem da mesma doença que vocês e tratem de ouvir, enquanto podem suportar, suas falações sempre iguais.

Eu mesma, que, confesso, sinto um profundo desprezo por velhos e doentes, esquecendo que pertenço à mesma categoria, trato de resistir a esses impulsos ruins, em nome da empatia, se não da simpatia, sensações que às vezes são incrivelmente diferentes, ou então, opostas.

X — Nada de ir a Lourdes.

Cesarina Vighy

Um matemático, jovialmente descrente, falou das "curas inexplicáveis" totais (há, sim, há) e descobriu que as de Lourdes sofreram uma diminuição correspondente a umas trinta unidades das que aconteciam em outros tempos. Portanto, concluiu, para os que ficam em casa há trinta possibilidades a mais de cura.

O Pai Eterno parou quando chegou ao décimo mandamento: evidentemente sentiu piedade de Moisés, que devia descer do Sinai de sandálias, arrastando duas enormes pedras, pesadíssimas, onde estavam escritas as Leis.

Nós, que escrevemos em folhas muitíssimo leves, poderemos acrescentar mais algumas recomendações.

XI — Preparem uma lista das coisas que vocês sabem fazer, daquelas para as quais servem as mãos e os pés às que requerem um pouco de cérebro ou de alma. Façam essas coisas. É necessário manter essa ordem porque em primeiro lugar os seus membros ficarão mais fracos (cuidado com as quedas!) e não poderão mais obedecer às ordens dos neurônios reduzidos. Depois, ou até mesmo primeiro, vocês verão que terão dificuldade com a língua, até que ela comece a emitir sons ininteligíveis. Portanto, nada de cantar ou de recitar. No fim, porém, restará o cérebro funcionando bem, cruz e delícia. Pessoalmente, foi a escrita que me salvou, mas também podemos ler com todo o tempo que temos à nossa disposição e sem que ninguém nos venha perturbar ou rezar com maior intensidade e indulgência.

O ÚLTIMO VERÃO

XII — Sejam curiosos.

A curiosidade é o motor da inteligência, é uma forte muleta para nos suportar, é a porta aberta para a vida. Para a vida que nos segura com força até que não tenhamos encontrado a resposta para aquela tal pergunta que nos veio à mente, ainda que seja a mais imbecil.

XIII — Tratem de despertar o senso de humor, ou o cultivem, caso já o tenham. Há tanta coisa de que rir, no mundo: dos outros, de vocês mesmos, das coisas que pareciam tão importantes e que, ao contrário, eram tão tolas. Se existe um momento em que o nosso olhar é lúcido, é este. A não ser que ele seja ofuscado pelas lágrimas, sei bem disso.

Amigos, os meus "mandamentos" são bem terra a terra, um pouco descarados para ostentarem segurança, e por esse motivo excluí deles a parte mais delicada, a que é confiada à consciência individual, estratificada perigosamente entre dois poderes, o de um Estado incerto a respeito de tudo, e o de uma Igreja demasiado certa de tudo. Juntem-se a isso as nossas dúvidas pessoais sobre os princípios que acreditávamos ser infalíveis e que, ao contrário, podem dissolver-se diante de um novo sofrimento, que se somará à já rica coleção, a um novo medo, ou a uma velha convicção — passará a vontade de dar conselhos.

Fui educada laicamente e sem religião por meu pai, entre as broncas de minha mãe, que concluía sempre as discussões com um "Vocês também passarão por aquela porta", significando a da igreja, no dia do nosso enterro. Tive, portanto, o lampiãozinho da Razão como único sistema de iluminação e, devo confessar, demasiado número de vezes tropecei, naquela meia claridade.

Cesarina Vighy

Se quiséssemos começar a dar voltas em torno do tema tabu, o da morte, que nos espera com paciência menor, amigos, do que espera talvez com os outros, poderíamos recordar que o positivista e higienista século XIX quis introduzir o uso da cremação. Controvérsias terríveis foram iniciadas, prolongando-se por décadas entre os que queriam usar o fogo e os que preferiam a putrefação. Incrível: os primeiros eram os ateus que, com essa purificação definitiva pelo fogo, davam involuntariamente a prova da sua maior espiritualidade.

Como foi que eu me comportei? De maneira ambígua, dando disposições segundo a ideologia laica, mas com o coração apertado de uma verdadeira materialista que, como acontece com alguns loucos, gostaria de manter aqui um corpo, vizinho sempre, embora fechado no armário. O que, aliás, seria a versão autárquica e pobre do que fizeram os refinados genitores de Madame de Staël: erigir um pequeno mausoléu, quase um pequeno salão, onde poderiam ser encontrados, embalsamados e sentados, quando a filha fosse visitá-los.

Vamos confessar uma coisa: às vezes amamos tanto um corpo que recusamos até um dos atos mais óbvios, mas nem por isso menos generosos que possam ser feitos em memória de uma pessoa que nos é caríssima, mas que se foi: a doação dos seus órgãos.

Mas no fundo o que importa o que acontece *depois*?

É o *imediatamente antes* que nos interessa verdadeiramente, quando as nossas dores desencadeiam o frenesi, o encarniçamento, até mesmo o orgulho ou a vaidade dos médicos que começam a apostar qual será o mais forte deles, nos despedaçando e prolongando o nosso sofrimento. Tanto a vocês como a mim, acontecerá talvez ter de gritar, chorando: "Não estou cansada de viver, estou cansada de estar doente!"

• • •

O ÚLTIMO VERÃO

"Às vezes me vêm ideias que não partilho com ninguém", diz o filósofo zombador Woody Allen. A mim, também.

Entre as primeiras que tive, conservei, conscienciosamente, esperando que algum dia me fosse útil, um testamento biológico do tipo *do-it-yourself*. Nele pedia que me poupassem de buracos, canudos e sondas, certa de que a natureza, nossa mãe, seria piedosa comigo.

Somente mais tarde eu conheceria a doença, a sua injustiça e casualidade, e descobri que somos infinitamente adaptáveis, mudamos de ideias e de ideais conforme vamos piorando, vi que os nossos pedidos tornam-se mínimos: basta-nos respirar, nos arrastarmos, continuar vivendo.

Quando me sentia cansada caminhando, lamentava o meu modo displicente de andar; quando perdi também a voz, ficaria contente de somente poder andar, mesmo mancando.

Terei coragem, quando chegar o momento, de tirar de debaixo do travesseiro o papel em que escrevi que recuso todos os tratamentos?

É estranho: cada situação trágica faz ecoar no nosso ouvido interno uma cançãozinha tola como aquela de Monsieur de La Palisse.

Quem não se lembra daquela genial idiotia de Petrolini?

> *Son contento di morire*
> *Ma mi dispiace.*
> *Mi dispiace di morire*
> *Ma son contento.* *

---

* "Estou contente de morrer/ Mas não gosto nada./ Não gosto nada de morrer/ Mas estou contente." (N.T.)

Cesarina Vighy

• • •

Mas nós não nos inscreveremos no exército de Hamlet, emblemático herói da dúvida, que enche de cadáveres o palco sem nem mesmo conseguir vingar seu pai como devido; e nem nos juntaremos ao pequeno coro que repete o ambíguo refrão.

Teremos apenas um pedacinho de dúvida, talvez escondido bem no fundo de alguma gaveta, para sempre nos recordar que nada é certo.

O melro branco

O pressentimento da Senhora Z. estava certo: ela não chegaria até o final daquele verão.

O céu é sempre igual, vibrante ao sol de junho, mesmo que o pedaço que lhe cabe seja mínimo, enquadrado por uma única janela. Ela já aprendeu a contentar-se com isso.

Os melros que pairam, frenéticos, ao redor da árvore oca, parecem ajudar uma fêmea gorda e redonda — será talvez a mãe com seus ovos? É o que lhe contaram, porque ela quase não se mexe mais, e, além disso, os seus amorosos guardiões não a deixariam se aproximar do balcão.

Até mesmo as mãos não desempenham bem o seu dever: ela tem de segurar o copo com as duas, uma só não basta.

A boca, a língua e a garganta não servem mais.

Eis porque eu a chamo de Senhora Z., mesmo se seu nome é Amelia, apelidada de Pucci.

Estou em pedaços. Ou melhor, "pedacinhos de carne moída para se fazer almôndegas", como diz o Gato de Botas aos obtusos

Cesarina Vighy

camponeses, ameaçando-os, no caso de eles não acolherem o seu patrão com um coro de "Viva o Marquês de Carabás!".

Gosto muito de fábulas: sempre encontramos nelas algo que nos diz respeito. Por exemplo, a Sereiazinha que perde a voz, seu principal dom, trocando-a pelos dois pés que a cada passo a fazem sofrer como se caminhasse sobre facas. E tudo por causa de um príncipe tolo.

Falar e caminhar: as duas coisas que as crianças aprendem em primeiro lugar, as duas coisas que me foram tiradas sem motivo, nem mesmo por causa de algum príncipe tolo.

A minha paixão, porém, era *Rosa Branca e Rosa Vermelha*, mas agora, depois de centenas de repetições, não recordo bem a história nem ao menos o autor.

Sei, no entanto, que era essa história que eu pedia continuamente a meu papai que contasse — o poeta épico oficial da casa. Era a história das duas costumeiras irmãs, um pouco alopradas, que vão terminar em um bosque repleto de armadilhas e lá combinam umas confusões — lembro da ilustração em que a mais esperta das duas saca uma tesoura (tesoura em um bosque?) e, querendo libertar um gnomo, corta a sua longuíssima barba que se enredara em um espinheiro, o que deixa furioso o homenzinho dos bosques.

Mas o momento mais belo, envolto no temor do ignoto, do mistério, estava no clímax, imediatamente antes do ato libertador, quando papai diminuía o ritmo e dizia, solenemente: "A um dado momento..." Ah, a delícia da excitação ansiosa! Aquelas palavras, que eu repetia comendo o "r" comicamente, entraram no nosso vocabulário familiar e me acompanharam sempre nos momentos de perigo, a um passo do final feliz.

• • •

O ULTIMO VERÃO

Z. adormeceu repentinamente, com um sorriso. De suas mãos, agora inúteis, caiu o livro que fingia ler enquanto sua mente velejava nos mares longínquos: agora, basta-lhe um barquinho.

Há muitos dias não como, nem me lembro mais quantos. Não consigo engolir, até mesmo a água desce com dificuldade, muita dificuldade, por isso deixei de tomar os remédios venenosos que realmente me despedaçavam. Felizmente, de tanto tomar sopinhas, perdi um pouco o sabor dos alimentos saborosos e picantes que tanto me agradavam — a língua, cada vez mais supérflua, não consegue mais reconstruí-lo.

"*Ta langue, le poisson rouge/ dans le vase de ta voix...*"*

Pobre peixe vermelho, pobre peixe vermelho prisioneiro.

Em vez de comer, durmo. Durmo tanto, voluntariamente, como se fosse uma compensação pelas noites insones de tantos e tantos anos. As Fúrias não me perseguem mais, terão talvez encontrado alguém mais novo, com culpas mais prementes pela sua inocente maldade nativa. Ou será que fui perdoada?

Estou frequentemente mais para lá do que para cá e começo a transpor aquele umbral que há muito tempo meu marido me traçara: "Não fique mais da metade do tempo *lá*." A lei do *fifty-fifty*.

Devo confessar que às vezes ultrapasso o *fifty* e chego a sessenta, setenta por cento, ajudada talvez por alguma pílula sonífera que pouco a pouco fui aceitando, e mais alguns goles de uísque que nunca

---

* "Tua língua, o peixe vermelho/ no vaso de tua voz..." (N.T.)

falta em casa. Não faço nada de mal, de arriscado demais: é somente para mim a antevéspera, o meu pequeno seguro sobre a morte.

Então, disse a palavra que dá tanto medo, "morte", e ao dizê-la quase ela se desfaz na boca, perde o sentido, de tanto que a repito.

"Animula vagula blandula/ Hospes comesque corporis..."

Até mesmo Adriano, o imperador, se assustava diante da escuridão que teria acolhido aquele lampejo, pouco mais de uma luzinha, companhia de alegrias e de sofrimentos do corpo durante tanto tempo: ele a chama de *animula*, pequena alma, animazinha, e a acaricia ternamente.

Não se vai além da escuridão.

Os gregos, inventores dos deuses e dos heróis, fazem vagar o seu Aquiles na escuridão e pronunciar palavras terríveis que soam como uma arcaica blasfêmia: "Eu preferiria ser o servo de um servo na terra a ser o rei das sombras, aqui embaixo."

Os judeus, com todas aquelas reverências que fazem durante as orações e com aqueles seus capotões negros e chapéus pesados usados até no verão nas poeirentas cidades de um exílio perpétuo, esperam somente por um Sheol, um lugar tenebroso e indistinto, já que o seu corpo jazerá em uma tumba enfeitada não por flores, mas por pedras do deserto.

Os cristãos dariam a impressão de ter um pouco de esperança, mas, para os que não confiam apenas nos desejos e nas ilusões, esta esperança parece artificial, construída, retificada a força de discussões doutrinárias e concílios. Nem uma linha do Evangelho nos promete o que desejamos de verdade: rever, reconhecer as pessoas que amamos e sermos reconhecidos por elas. Em suma, continuar a sermos nós.

O odioso e atravancador "eu" envolve e corrompe a nós ocidentais, nós que com sublime megalomania temos considerado, nos mapas

O ÚLTIMO VERÃO

e nos pensamentos, os nossos países como centro do mundo civilizado, e as nossas filosofias como superiores às místicas orientais.

Exceto alguns que são considerados mais extravagantes, ninguém aqui tolera a ideia da grande roda que, moendo vidas diversas, humanas e animais, conduz de grau em grau à liberação final da existência, raiz de toda dor.

Ninguém aqui aceita ser somente um grão de areia, uma semente no vento que germinará. Ou não germinará.

A nenhum dos nossos covardes generais ocorreria a ideia de cometer *harakiri*, quando perde uma batalha.

No fundo, somente o Islã promete algo de palpável. Mas, com exceção de vestidos de seda e água fresca, são negados às mulheres os próprios jardins de Alá, onde são acolhidos, pelo contrário, entre mil delícias e huris perpetuamente virgens, os machos que massacraram um monte de infiéis. Nestes nossos tempos, porém, até mesmo eles farão fila para entrar. E quando obtiverem uma entrada de cortesia, as huris estarão indisponíveis e sobrarão somente lugares em pé, como acontece na tarde dos domingos no cinema.

Vejo Z. agitar-se no sono; põe e tira a coberta ligeira que está sobre ela, como pode (o maldito pé direito não consegue encontrar o buraco no lençol, como se lhe fizessem continuamente aquele jogo idiota que fazem aos recrutas, o do "saco"); as bochechas estão coradas, no rosto pálido: a respiração, apesar dos travesseiros extras, muito difícil.

Retorno para cá, cada vez de mais longe e levo sempre mais tempo para desenevoar-me, fingir estar desperta.

Dessas viagens trago sempre os presentes que me deram: uma imagem, um sonho, uma palavra.

Hoje, a palavra é aquela com a qual se reconhecem todos os venezianos dispersos em sua diáspora pessoal: *combàter*. Que significa simplesmente "combater" e conclui uma frase cujo significado é mais ou menos assim: "Não te preocupes em combater", "Deixa estar, não é nada importante". O equivalente, se quiserem, do romanesco e velhaco "chissene" ("quem se importa") — sua versão mole e elegante, o melancólico presságio de uma cidade destinada a tornar-se de Dominante em Disneylândia, a unhada inócua de um Leão que aparou as unhas.

Os meus entes queridos voltaram para o quarto. Antes, acreditando que eu estivesse dormindo, haviam saído para conversar. Sobre o quê? Acho que sei. Perguntavam-se, confusos, o que deviam fazer, a quem deveriam chamar.

Meus verdadeiramente queridos — que compreendi e que me compreenderam tarde, mas, felizmente, não demasiado tarde. Meu marido, que durante anos me perseguiu com um ciúme de siciliano, agora mostra o desvelo de uma mãe que quer contentar a sua menina caprichosa, mas ao mesmo tempo não me nega um reconhecimento de feminilidade. Minha filha, que eu pensava que me considerasse apenas uma intelectual pedante, esnobe e chata, me dá a certeza da sua estima e do seu afeto; eu, que outrora me desesperava para conseguir ver realizado o seu potencial, descubro nela pequenos tesouros de sensibilidade, inteligência, e até mesmo, sim, de sabedoria.

Seu filho, meu neto, a minha vida prolongada, belo querubim músico, tem uma natureza de filósofo, tem dotes de equilíbrio que são raros em um menino. Comigo mostra-se respeitoso, gentil, não se sente mal com minha doença.

• • •

Digo finalmente, sem ironia: tenho muita sorte.

Um pensamento bom para os médicos, que muitas vezes desprezei, considerando-os como ilusionistas que, por mais que tentem não conseguem fazer com que o coelho saia da cartola.

A sua vida transcorre em meio ao sofrimento, ao qual se pode reagir fazendo crescer um pouco de pelo sobre o estômago.

Quem virá, hoje à noite ou amanhã cedo, certificar a normalidade do que acaba de suceder? Que coisa escreverá?

"Colapso cardiocirculatório", um termo que serve para todos os velhos, combina mal com o meu bombeador de sangue: um coração de antes da guerra, daqueles que não se fabricam mais, feitos para durar, como se requeria dos calçados e dos casacos. Seria melhor, e talvez mais exato, poder atingir a simplicidade do humor popular: "Fulano, morto por ter esquecido de respirar", "Sicrano, defunto porque estava cansado de viver."

A um dado momento. A um dado momento. A um dado momento...

A Senhora Z. foi embora, com suficiente dignidade.

No final, para não desperdiçar o seu investimento em citações, escolheu a mais clássica, enriquecendo-a com seu espírito burlesco: "Recomendo a vocês, não se esqueçam do franguinho para Esculápio. E lembrem-se de que ele gosta dele bem cozido." Naturalmente ninguém mais, a não ser eu, ouviu o que disse: a sua voz cálida de outrora estava agora reduzida a um sibilar rouco.

Que pena que não tenha podido ver a ninhada de melros que nasceu depois de alguns dias; três, barrigudinhos e pachorrentos, e o quarto, que apareceu só depois de alguma hesitação, um milagre. Branco, cândido, paradisíaco.

Ou talvez seja melhor: assim Z. não ficou sabendo do final da história. Uma assembleia de machos todos negros (as fêmeas, demasiado emotivas, são sempre excluídas delas) decretou que ele era diferente demais — que fosse exilado, que fosse tratar de viver sozinho a sua vida.

Realmente, ele nunca mais foi visto.

Depois de algum tempo, uma pequena fêmea cinzenta, feinha e sozinha mostrou-se muito atarefada na área vizinha ao buraco da árvore: forrou-o com folhas de plátano retiradas com o bico, aos pedaços, circundou-o com um desenho de signos misteriosos incisos na casca, parecidos com aqueles que as vendedoras de detergentes deixam perto da campainha para advertir suas colegas de que naquela casa serão acolhidas bem ou mal.

Mas se a fêmea-melro estava preparando um ninho novo, ou cumprindo a purificação para uma tumba, nem mesmo eu posso dizer, eu, que afinal sou o narrador onisciente desta história.

Impresso no Brasil pelo
Sistema Cameron da Divisão Gráfica da
DISTRIBUIDORA RECORD DE SERVIÇOS DE IMPRENSA S.A.
Rua Argentina 171 – Rio de Janeiro, RJ – 20921-380 – Tel.: 2585-2000